Hüftgelenksdysplasie
bei Hunden

Heinz Jürgen Ficus · Klaus Loeffler
Michael Schneider-Haiss · Irene Stur

Hüftgelenksdysplasie bei Hunden

40 Abbildungen · 3 Tabellen

Ferdinand Enke Verlag Stuttgart 1990

Dr. med. vet. Heinz Jürgen Ficus
Everinghauser Straße 115, D-2724 Sottrum

Prof. Dr. med. vet. Klaus Loeffler
Institut für Tiermedizin und Tierhygiene mit
Tierklinik der Universität Hohenheim
Fruwirthstraße 35, D-7000 Stuttgart 70

Dr. med. vet. Michael Schneider-Haiss
Otto-Geßler-Straße 20, D-7140 Ludwigsburg

Doz. Dr. med. vet. Irene Stur
Institut für Tierzucht und Genetik der Veterinärmedizinischen Universität Wien
Linke Bahngasse 11, A-1030 Wien

CIP-Titelaufnahme der Deutschen Bibliothek

Hüftgelenksdysplasie bei Hunden/Heinz Jürgen Ficus ...-
Stuttgart: Enke, 1990
ISBN 3-432-98551-7
NE: Ficus, Heinz Jürgen [Mitverf.]

Wichtiger Hinweis:
Medizin als Wissenschaft ist ständig im Fluß. Forschung und klinische Erfahrung erweitern unsere Kenntnisse, insbesondere was Behandlung und medikamentöse Therapie anbelangt. Soweit in diesem Werk eine Dosierung oder eine Applikation erwähnt wird, darf der Leser zwar darauf vertrauen, daß Autoren, Herausgeber und Verlag größte Mühe darauf verwandt haben, daß diese Angaben genau dem Wissensstand bei Fertigstellung des Werkes entspricht. ***Dennoch ist jeder Benutzer aufgefordert,*** *die Beipackzettel der verwendeten Präparate zu prüfen, um* ***in eigener Verantwortung*** *festzustellen, ob die dort gegebene Empfehlung für Dosierungen oder die Beachtung von Kontraindikationen gegenüber der Angabe in diesem Buch abweicht. Eine solche Prüfung ist besonders wichtig bei selten verwendeten Präparaten oder solchen, die neu auf den Markt gebracht worden sind.*

Geschützte Warennamen (Warenzeichen) werden ***nicht*** besonders kenntlich gemacht. Aus dem Fehlen eines solchen Hinweises kann also nicht geschlossen werden, daß es sich um einen freien Warennamen handelt.

Satz und Druck: Calwer Druckzentrum GmbH, D-7260 Calw
Schrift: 9/10 Times, System Compugraphic 8600

5 4 3 2 1

Vorwort

Die Hüftgelenksdysplasie als Zuchtproblem beschäftigt sowohl die Rassezuchtvereine als auch die Tierärzte seit Mitte der 50er Jahre in zunehmendem Maße. Züchterische Maßnahmen zur Senkung des HD-Vorkommens nach Häufigkeit und Schweregrad erforderten und erfordern noch immer einschneidende Bestimmungen, durch die die Züchter oft gravierend betroffen werden. Das hat in manchen Zuchtvereinen zu erheblichen Differenzen geführt.

Die Röntgendiagnose, auf der die Zuchtmaßnahmen aufbauen, muß mit großer Sorgfalt und Verantwortungsbewußtsein gestellt werden. Das setzt Fachkenntnisse und geeignete apparative Ausstattung bei der Anfertigung der Röntgenaufnahmen, insbesondere bei großwüchsigen Hunden, sowie spezielle Kenntnisse bei der Auswertung der Röntgenaufnahmen voraus. Effektive züchterische Maßnahmen erfordern Konsequenz bei Züchtern und Zuchtverantwortlichen, die nur bei entsprechendem Verständnis der genetischen Zusammenhänge von allen Beteiligten erwartet werden kann.

Wir haben uns daher die Aufgabe gestellt, die mit der Hüftgelenksdysplasie beim Hund verbundenen Probleme und die genetischen Grundlagen der züchterischen Maßnahmen zur Selektion gegen die Hüftgelenksdysplasie umfassend darzustellen. Dabei wenden wir uns sowohl an die tierärztlichen Kollegen als auch an die Züchter. Auf die Ausführung spezieller Detailprobleme wurde im Interesse der Übersichtlichkeit und der Allgemeinverständlichkeit bewußt verzichtet. Wir sind uns auch immer bewußt gewesen, daß die Hüftgelenksdysplasie nur ein Problem von mehreren ist, daß die Rassezuchtvereine in ihren Bestrebungen zur Züchtung gesunder und standardgemäßer Hunde zu berücksichtigen haben. In Anbetracht der mit der Hüftgelenksdysplasie in diesen Fällen für die Hunde verbundenen Leiden meinen wir allerdings, daß die Bekämpfung der Hüftgelenksdysplasie sowohl bei den Tierärzten als auch bei den Züchtern hohe Priorität haben und mit aller gebotenen Sorgfalt und Ehrlichkeit durchgeführt werden sollte.

Möge das vorliegende Buch dazu beitragen.

Stuttgart im Frühjahr 1990 DIE AUTOREN

Inhalt

1 Einleitung

K. Loeffler

Definition

Die Hüftgelenksdysplasie (HD) ist eine erblich bedingte Fehlbildung des Hüftgelenks, bei der die Hüftgelenkpfanne und der Oberschenkelkopf in ihrer Form nicht aufeinander abgestimmt sind (Abb. 1 und 2).

Die Fehlbildung kommt in unterschiedlich starken Graden vor und kann sich in einer Formanomalie des Oberschenkelkopfes oder der Hüftgelenkpfanne oder beider äußern. Es gibt aber auch Fälle, die im Anfangsstadium vor allem dadurch gekennzeichnet sind, daß der Gelenkschluß ungenügend ist, der Oberschenkelkopf also nicht immer fest in der Hüftgelenkpfanne liegt (Abb. 3 und 4).

Die HD kann ein- oder beidseitig auftreten und entwickelt sich in der Zeit von der Geburt bis zum Alter von 1 bis 1 ½ Jahren. Sie kommt vor allem bei Hunden großer und mittelgroßer Rassen vor.

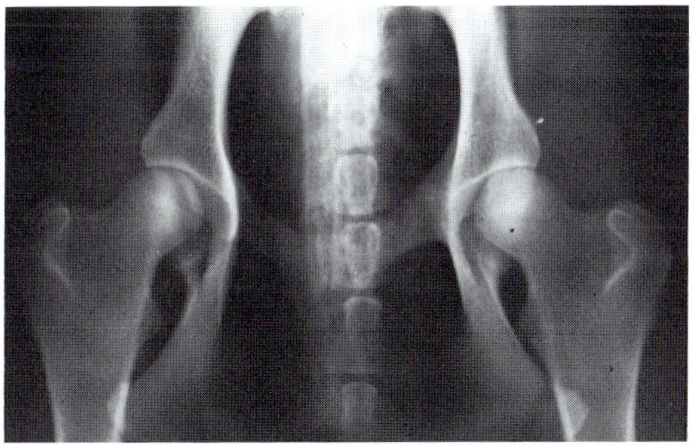

Abb. 1 Gesundes Hüftgelenk

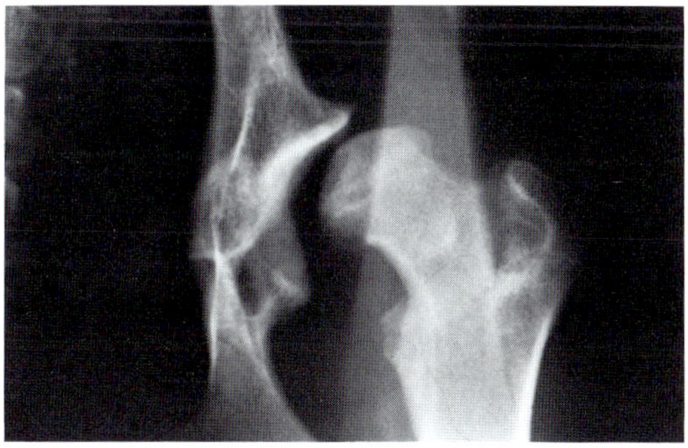

Abb. 2 Linkes Hüftgelenk eines Hundes mit schwerer HD

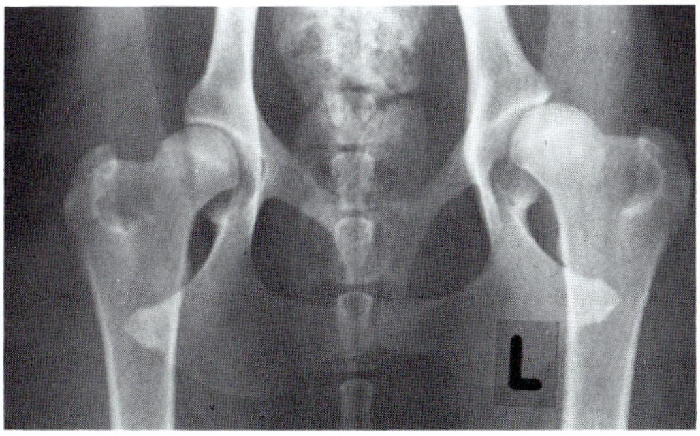

Abb. 3 Hüftgelenke eines Hundes mit mittlerer HD auf der linken Seite. Das Hüftgelenk ist subluxiert, arthrotische Veränderungen sind nur angedeutet. (Hovawart-Hündin, Röntgenaufnahme Dr. Rosenhagen)

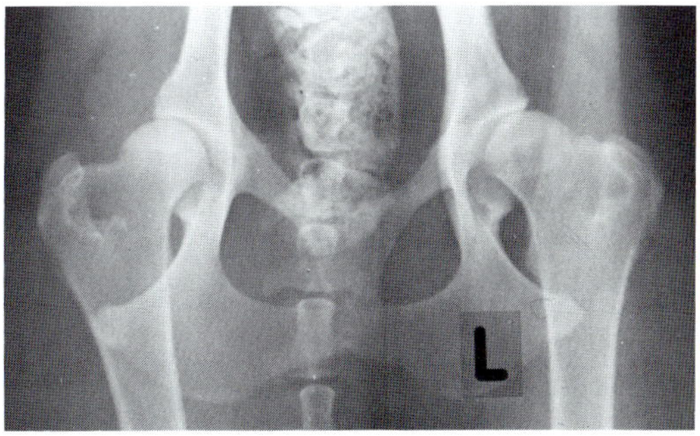

Abb. 4 Hüftgelenke desselben Hundes wie in Abb. 3 nach einem Jahr. Auf der rechten Seite ist der Gelenkschluß lose, und die vordere Pfannenkontur ist verdichtet. Auf der linken Seite sind die arthrotischen Veränderungen jetzt deutlich. (Röntgenaufnahme Dr. Rosenhagen)

Verlauf

Infolge der Fehlbildung bzw. des fehlerhaften Gelenkschlusses entwickeln sich mit zunehmendem Alter der Tiere sekundär degenerative Gelenkveränderungen (Abb. 8 und 9).

Synonyme

Weitere Namen für dieses Leiden sind:

Angeborene Hüftluxation, Canine hip dysplasia, dysplasie de la hanche du chien.

Vorkommen

Die Hüftgelenksdysplasie kommt nicht nur bei Hunden vor, sondern auch bei anderen Tierarten wie Pferde, Rinder und Katzen sowie beim Menschen.

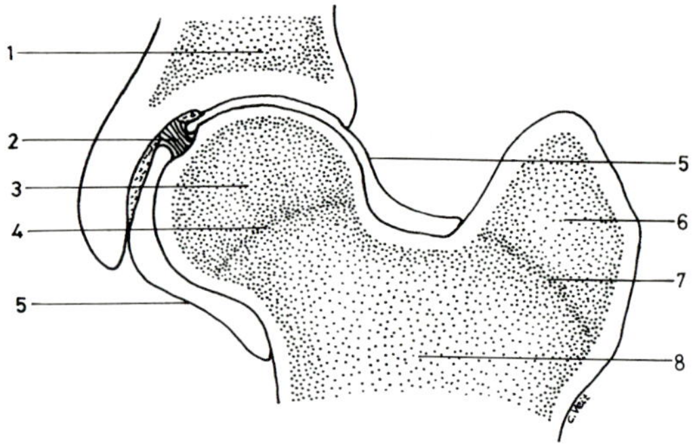

Abb. 5 Skizze eines normalen Hüftgelenkes mit Markierung der Epiphysenfugen. 1 Beckenknochen, die die Gelenkpfanne bilden; 2 Halteband, Lig. capitis ossis femoris, das in der Tiefe der Gelenkpfanne in der Incisura acetabularis ansetzt. In der Umgebung Fettgewebe, das von der Gelenkinnenhaut überzogen ist; 3 Oberschenkelkopf; 4 Rest der Wachstumsfuge zwischen Oberschenkelkopf und Oberschenkelhals; 5 Gelenkkapsel; 6 Großer Umdreher; 7 Reste der Wachstumsfuge des großen Umdrehers; 8 Schaft des Oberschenkelknochens

Bekämpfung der HD

Die HD des Hundes wurde bereits 1935 in den USA von Schnelle beschrieben, der 1954 auch schon eine Gradeinteilung vornahm (s. S. 6). In der Bundesrepublik Deutschland gewann die HD nach 1950 Bedeutung, als verstärkt Deutsche Schäferhunde in die USA verkauft wurden und HD-Freiheitsbescheinigungen verlangt wurden. Als Reaktion darauf, daß vor allem durch die Arbeiten von Schales (1956, 1957, 1959), Snavely (1959) sowie Henricson und Olsson (1959) die Erblichkeit des Leidens herausgestellt wurde, führten der Verein für Deutsche Schäferhunde und der Rassezuchtverein für Hovawart-Hunde 1965 in der Bundesrepublik Deutschland Bekämpfungsverfahren gegen die HD ein, indem Hunde mit mittlerer und schwerer HD nicht angekört wurden. Müller und Saar (1966) entwickelten hierfür ein Beurteilungsschema, das bis heute die Grundlage für die HD-Diagnostik an Hand von Röntgenaufnahmen darstellt.

Im Laufe der folgenden Jahre schlossen sich weitere Rassehundezuchtvereine dem Vorgehen an. Um eine einheitliche Auswertung zu gewährleisten, wurde die zentrale Auswertung der Röntgenaufnahmen Hochschulkliniken bzw. -instituten oder Tierärzten mit spezieller Erfahrung in der HD-Diagnostik übertragen. Diese HD-Zentralen und die meisten der betroffenen Zuchtvereine stehen untereinander in Verbindung, um Erfahrungen auszutauschen und die Diagnostik sowie die Zuchtmaßnahmen dem jeweiligen Wissensstand anzupassen.

Anatomie des Hüftgelenks

Das Hüftgelenk ist ein Kugelgelenk. Der Oberschenkelkopf (Caput ossis femoris) sitzt tief und fest in der schalenförmigen Gelenkpfanne (Acetabulum) (Abb. 5). Das Hüftgelenk des Hundes ist ein dreiachsiges Gelenk, d.h. es ist relativ frei nach allen Richtungen des Raumes beweglich. Oberschenkelkopf und Hüftgelenkpfanne sind durch ein Band (Lig. capitis ossis femoris) verbunden. Dieses Band trägt beim ausgewachsenen Hund aber nicht viel zum Gelenkschluß bei. Dieser wird vielmehr durch den Tonus der Muskeln (besonders tiefer Gesäßmuskel, M. glutaeus prof., und Lenden-Darmbeinmuskel, M. iliopsoas) sowie durch die Adhäsion der mit Gelenkschmiere (Synovia) benetzten Gelenkflächen gewährleistet. Welche Bedeutung das Band während der Gelenkentwicklung für den Gelenkschluß hat, ist noch nicht eingehend untersucht.

Die Gelenkhöhle des Hüftgelenks ist von der Gelenkkapsel umgeben, die in die Beinhaut (Periost) des Oberschenkelhalses und des Azetabulumrandes übergeht. Die Gelenkkapsel besteht aus einer straffen Bindegewebsschicht (Fibrosa) und der Gelenkinnenhaut (Synovialis), von der die Gelenkschmiere gebildet wird. Diese ernährt den Gelenkknorpel und ermöglicht dessen reibungsarmes Gleiten. Dadurch, daß die Gelenkkapsel die Gelenkhöhle gegen die Umgebung abschließt, trägt sie zum Erhalt der Adhäsion der Gelenkflächen und damit zur Gelenkstabilität bei.

2 Krankheitsursache (Ätiologie) und Krankheitsentstehung (Pathogenese)

K. Loeffler

Die HD ist ein genetisch bedingtes Leiden, d. h. die Veranlagung zu ihrer Entstehung ist bereits bei der Geburt vorhanden. Sie entwickelt sich aber erst während der Wachstumsphase des Skeletts. In dieser Zeit können Umwelteinflüsse den Grad der Ausprägung der erblichen Veranlagung beeinflussen. Das gilt für zahlreiche körperliche (morphologische) und funktionelle (physiologische) Merkmale der Tiere und des Menschen, die durch mehrere Gene beeinflußt werden (sogenannte polygene Merkmale, multifaktorielle Merkmale). So ist z. B. die optimale Ernährung eine Voraussetzung dafür, daß das genetisch festgelegte Wachstums- oder Milchleistungspotential realisiert wird. Mangelernährung, Krankheit, Bewegungsmangel und andere Einflüsse können begrenzend wirken.

Da mehrere Genpaare an der Ausprägung des Merkmals HD beteiligt sind, gelten nicht die bekannten Erbregeln nach Mendel, sondern populationsgenetische Gesetzmäßigkeiten (s. S. 46).

Der Verbreitungsgrad der HD ist bei den Hunderassen verschieden und weist auch Unterschiede zwischen Hundepopulationen verschiedener Regionen und Länder innerhalb einer Rasse auf. Generell sind alle mittelgroßen und großen Hunde betroffen. Unterschiede sind teils dadurch bedingt, daß durch hohe Leistungsanforderungen bereits eine starke Selektion auf einen gesunden Bewegungsapparat erfolgte, bevor die HD als Problem erkannt wurde. Das dürfte für die meisten Windhundrassen zutreffen. Bei ihnen ist die HD nach heutiger Kenntnis nicht häufig. In mehreren Zuchtvereinen konnte die Häufigkeit der HD durch intensive und geduldige Zuchtarbeit deutlich gesenkt werden, wodurch bestätigt wird, daß der eingeschlagene Weg richtig ist. Bei manchen Rassen war die Ausgangssituation günstig, ohne daß hierfür Gründe angegeben werden können. Das gilt z. B. für den Irish Wolfshound und die Belgischen Schäferhunde.

Die Tatsache, daß HD auch bei mittelgroßen und eher kleinen Hunden wie Spaniel und Beagle nicht selten ist, muß als Hinweis dafür angesehen werden, daß das starke Körperwachstum nicht als alleiniger oder wesentlicher Faktor für die Entstehung der HD angesehen werden kann. Auf der anderen Seite leuchtet aber ein, daß ein Skelettsystem, das sehr rasch wächst, störanfälliger ist als ein Skelett, bei dem Wachstumsgeschwindigkeit, Stoffwechselintensität und Belastung durch Körpermasse und Bewegungsleistung harmonisch aufeinander abgestimmt sind. So wirkt sich zu energiereiche und eiweißreiche Fütterung bei Hunden großer Rassen nachweislich negativ auf den Ausprägungsgrad der HD-Veranlagung aus (Hedhammar et al., 1974; Kasström, 1975). Übermäßige körperliche Arbeit fördert die degenerativen Prozesse an dysplastischen Gelenken (s. auch S. 5).

Für das Verständnis der Entwicklung der HD ist folgendes wichtig: Das Skelett des neugeborenen Welpen ist noch nicht in allen Teilen knöchern ausgebildet, sondern besteht in wichtigen Bereichen noch aus Knorpel, der erst bis zum Abschluß des Wachstums abgebaut und durch Knochen ersetzt wird. Besonders wichtig sind die Wachstumsfugen (Epiphysenfugen), in denen das Längenwachstum der langen Röhrenknochen erfolgt.

An der Bildung der Hüftgelenkpfanne (Acetabulum) sind im wesentlichen drei Knochen beteiligt, die anfangs noch knorpelig verbunden sind, und zwar das Darmbein, das Schambein und das Sitzbein. Hinzu kommt noch ein kleiner, zentral gelegener Knochen, das Pfannenbein, das zur Zeit der Geburt allerdings in der Regel nicht mehr als isolierter Knochen in Erscheinung tritt. Nach Untersuchungen von Köppel (1985) wird der vordere Teil der Gelenkpfanne ebenfalls von einer eigenen Knochenanlage gebildet.

Der Oberschenkelkopf entwickelt sich erst allmählich aus einem eigenen Verknöcherungskern, der über eine Epiphysenfuge mit dem Oberschenkelhals verbunden ist. In dieser Fuge findet das Längenwachstum des Oberschenkelhalses statt. Der Kern des Kopfes sitzt dem Hals kappenartig auf. Über längere Zeit findet außerdem ein Wachstum des Knochenkerns des Kopfes in Richtung Hüftgelenkfläche statt, bis schließlich nur noch der Gelenkknorpel des Oberschenkelkopfes erhalten bleibt.

Bei Hunden mit der Erbanlage zur HD sind in der Regel im Welpenalter keine sichtbaren Anzeichen dafür zu erkennen. Nur bei sehr starker Veranlagung, wie sie zum Beispiel aus der Paarung einer Hündin und eines Rüden, die beide schwere HD haben, zustande kommen kann, treten Nachhandschwächen eventuell bereits vor einem Alter von 6 Monaten auf. Die Hüftgelenkpfanne von Hunden mit HD ist bei deutlicher Ausprägung des Merkmals häufig auffallend flach. Die Pfanne umschließt bei einem gesunden Hüftgelenk den Oberschenkelkopf etwa bis zu dessen Äquator. Sie wird zusätzlich noch durch einen Faserknorpel ergänzt. Eine dysplastische, flache Pfanne bietet dem Oberschenkelkopf nur ungenügenden Halt. Der Gelenkknorpel der Pfanne und des Kopfes wird nicht gleichmäßig belastet, sondern lokal überbelastet (Abb. 6 und 7). Dadurch werden degenerative Prozesse am Gelenkknorpel und dem darunter liegenden Knochen eingeleitet. Dasselbe ist der Fall, wenn die Gelenkpfanne zwar korrekt ausgebildet ist, der Oberschenkelkopf aber entweder zu klein oder nicht rund ist. Aber auch ein zu loser Gelenkschluß verursacht Fehlbelastungen der Gelenkflächen.

Die Degeneration des Gelenkknorpels, die schließlich bis zum völligen Schwund des Knorpels fortschreiten kann, ist mit reaktiven Veränderungen der Gelenkkapsel wie Kapselentzündung und -verdickung verbunden. Außerdem reagiert die Knochenhaut (Periost) in Gelenknähe dort, wo die Fibrosa der Gelenkkapsel in sie übergeht, mit Knochenwucherungen, die als Exostosen oder Osteophyten bzw. Randwülste bezeichnet werden (Abb. 8 und 9). Der Gelenkknorpel enthält keine Schmerzrezeptoren, so daß die ersten Knorpelveränderungen nicht empfunden werden. Viele Schmerzrezeptoren sind aber in der Gelenkkapsel und im Periost. Allerdings reagieren Tiere und auch Menschen sehr unterschiedlich auf Schmerzen, vor allem wenn die Schmerzen sich langsam entwickeln und andauern (chronischer Schmerz). Von vergleichbaren Erkrankungen beim Menschen weiß man außerdem, daß sie nicht zu jeder Zeit gleich schmerzhaft sind.

Übermäßige Bewegung und Überanstrengungen der Hüftgelenke durch zu weite Wanderungen oder zu intensives Training fördern bei einem dysplastischen Gelenk die Degenerationsprozesse und führen zu einem vorzeitigen Verschleiß. Andererseits ist für einen guten Gelenkschluß aber eine kräftige Kruppen- und Oberschenkelmuskulatur günstig und eine schlaffe, atrophische Bemuskelung ungünstig.

Nach dem oben gesagten kann sich die HD auf verschiedene Weise entwickeln, wobei sich die Faktoren summieren bzw. ergänzen können. Störungen im Wachstum der Knochenanlagen infolge genetischer Fehlregulation verursachen Fehlentwicklungen in Form einer flachen Gelenkpfanne oder eines abgeflachten bzw. zu kleinen Gelenkkopfes. Diese Fehlbildungen ihrerseits bedingen Inkongruenz zwischen den Gelenkteilen mit verminderter Adhäsion der Gelenkflächen sowie partieller Überbelastung und Degeneration des Gelenkknorpels. Dadurch werden arthrotische Prozesse eingeleitet.

Aus Untersuchungen von MANSSON und NORBERG (1961) ist bekannt, daß Injektionen von weiblichen Geschlechtshormonen bei Hunden während des Wachstums HD verursachen können. Daraus kann abgeleitet werden, daß ein ungenügender Gelenkschluß auch dadurch verursacht sein kann, daß die Gelenkkapsel und die bindegewebigen Ansätze der gelenknahen Muskeln infolge genetisch bedingter Fehlregulation im Hormonsystem zu wenig straff sind. Der Nachweis wurde allerdings noch nicht erbracht.

LUST und SUMMERS (1981) konnten zeigen, daß bereits die Ansammlung vermehrter Gelenkflüssigkeit genügt, den Gelenkschluß zu lockern. Loser Gelenkschluß ist seinerseits aber ausreichende Ursache, um über Knorpelfehlbelastungen arthrotische Vorgänge anlaufen zu lassen.

Arthrotische Veränderungen am Hüftgelenk sind demnach stets sekundäre Folgen der Dysplasie. Da die Röntgenuntersuchung aber zu Lebzeiten der Hunde das einzig sichere Verfahren zum Nachweis der HD ist und Knorpeldefekte ebenso wie andere Weichteilveränderungen, z. B. an der Gelenkkapsel, im Röntgenbild nicht erkennbar sind, dient der Nachweis arthrotischer Prozesse (Exostosenbildung) vielfach als Hinweis darauf, daß das Gelenk nicht korrekt geformt oder der Gelenkschluß nicht fest ist.

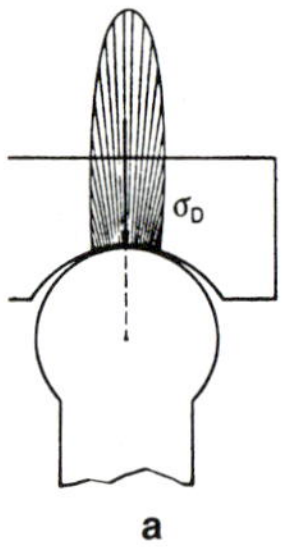

Abb. 6a – c Verteilung des Gelenkdruckes bei einem gesunden, kongruenten Kugelgelenk (**c**) bzw. bei dysplastischen, inkongruenten Gelenken (**a** und **b**). (Aus F. Pauwells, Atlas zur Biomechanik der gesunden und kranken Hüfte. Springer, 1973)

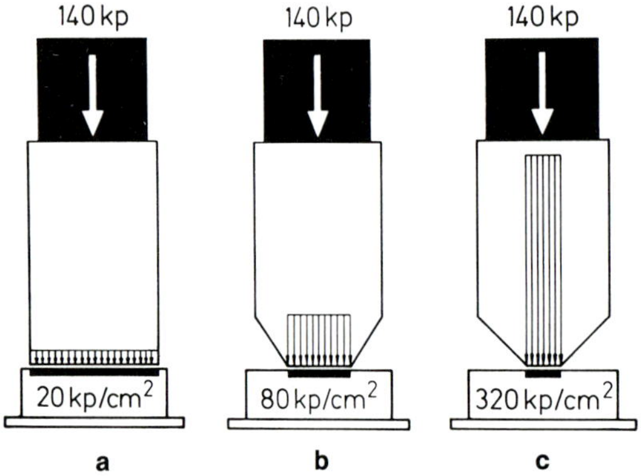

Abb. 7a – c Abhängigkeit des Druckes von der Größe der belasteten Fläche (Aus F. Pauwells, Atlas zur Biomechanik der gesunden und kranken Hüfte. Springer, 1973)

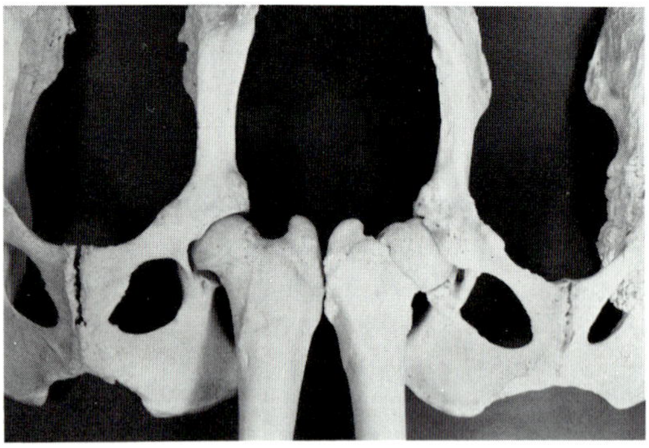

Abb. 8 Becken- und Oberschenkelknochen eines Hundes ohne HD (links) bzw. mit HD (rechts). An der Gelenkpfanne und am Oberschenkelkopf des rechten Präparates sind deutlich die Knochenzubildungen (Exostosen, Randwülste) zu erkennen

Die HD ist ein Merkmal, das in den verschiedensten Ausprägungsgraden von kaum erkennbaren Formen bis zu schwersten Formen stufenlos vorkommt. Die geringsten Grade sind dabei nicht sicher von individuellen Variationen der anatomischen Norm zu unterscheiden. Außerdem gibt es bestimmte Merkmale am Azetabulum und an anderen Teilen des Beckens, die bei verschiedenen Rassen in unterschiedlicher Ausprägung und Häufigkeit zu finden sind (Richter und Loeffler, 1976; Richter, 1977), was bei der Beurteilung von Röntgenaufnahmen ebenfalls berücksichtigt werden muß (Abb. 10 und 11).

Trotz dieser Schwierigkeiten wurden verschiedene Methoden entwickelt, die unterschiedlichen Ausprägungsgrade der HD zu erfassen und zu beschreiben. Die bekanntesten sind die von Schnelle (1954), Müller und Saar (1966) sowie Piehler (1967). Norberg (zit. nach Olsson, 1961) stellte fest, daß bei gesunden Hüftgelenken der Winkel zwischen der Verbindungslinie der Zentren beider Oberschenkelköpfe und dem vorderen Pfannenrand 105° oder mehr beträgt (Winkel nach Norberg). Da er die Messung an Röntgenaufnahmen durchführte, die von Hunden mit gebeugten Hintergliedmaßen angefertigt worden waren, war damit auch ein Maß für die Tiefe der Gelenkpfanne gegeben. Entsprechend der Empfehlung von Müller und Saar (1966) wird jetzt der Winkel nach Norberg an Röntgenaufnahmen mit gestreckten Hintergliedmaßen gemessen (Abb. 19, 20, 21). Damit wird die Lage des Kopfes zur Pfanne charakterisiert. Die Pfannentiefe kann an solchen Aufnahmen nach einem von Richter (1977) entwickelten Verfahren beurteilt werden.

Gradeinteilung der HD nach Schnelle (1954)

I. Grad: Der Oberschenkelkopf erscheint im Vergleich zur Hüftgelenkpfanne zu klein und der Gelenkspalt dadurch zu groß.

II. Grad: Die Hüftgelenkpfanne ist merklich abgeflacht, und der Oberschenkelkopf zeigt unter Umständen Abweichungen von der Kugelgestalt.

III. Grad: Der Oberschenkelkopf ist subluxiert.

IV. Grad: Der Oberschenkelkopf ist luxiert.

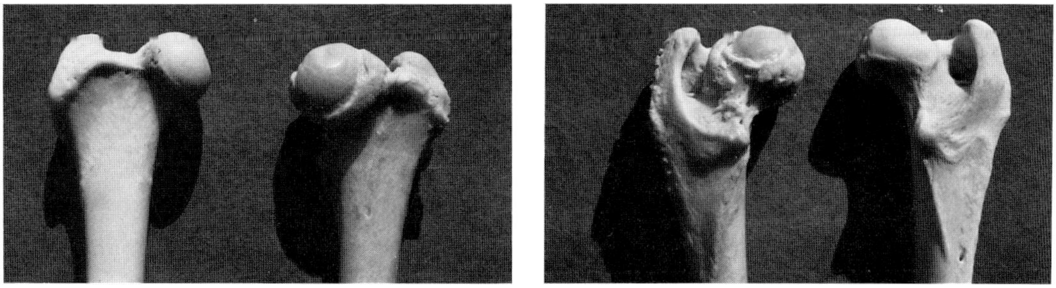

a b

Abb. 9 a und b Oberschenkelknochen eines gesunden Hundes und eines Hundes mit ausgeprägter HD in der Ansicht von vorne (**a**) und von hinten (**b**). Der dysplastische Hund zeigt arthrotische Veränderungen. Der Oberschenkelkopf ist z. T. abgerieben (**a**), und am Gelenkrand sind starke Randwülste ausgebildet, besonders auch in der Fossa trochanterica (**b**)

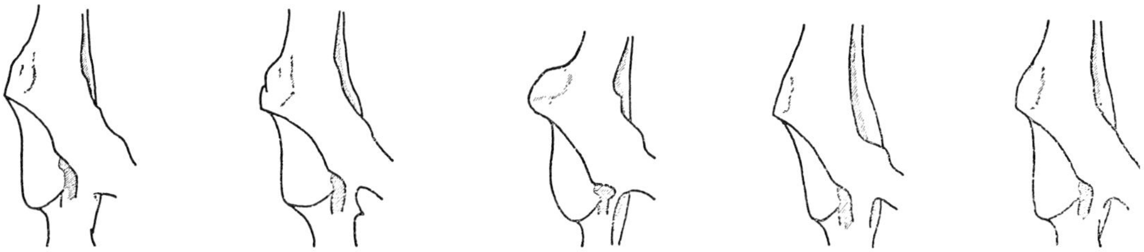

Abb. 10 Kontur der kranialen Begrenzung des rechten Azetabulumrandes bei Hunden verschiedener Rassen, Ventralansicht der Präparate. (Aus V. Richter, K. Loeffler, Rassespezifische Merkmale am Becken des Hundes. Dtsch. tierärztl. Wschr. 1976)

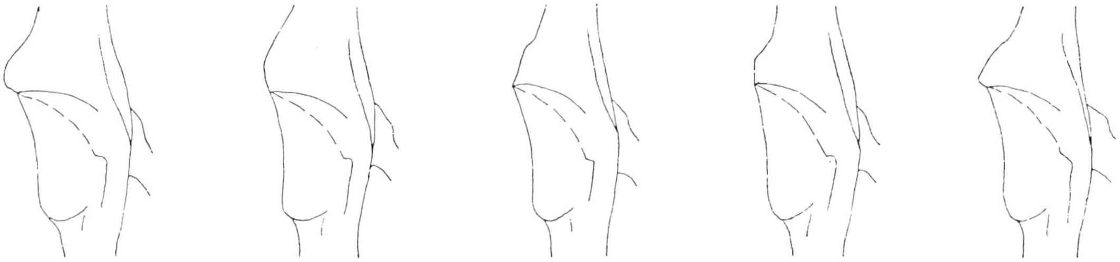

a b c d e

Abb. 11a – e Kontur der kranialen Begrenzung des rechten Azetabulumrandes im Röntgenbild – ventrodorsaler Strahlengang. (Aus V. Richter, K. Loeffler, Rassespezifische Merkmale am Becken des Hundes. Dtsch. tierärztl. Wschr. 1976)

a Beulig nach lateral den kranialsten Punkt des Azetabulumrandes überragende Kontur mit konkavem Übergang zum Corpus ossis ilii

b Geschwungene nach lateral den kranialsten Punkt des Azetabulumrandes überragende Kontur mit seichtem Übergang zum Corpus ossis ilii

c Vom kranialsten Punkt des Azetabulumrandes gerade nach kraniomedial gerichtete Kontur, kantig vom Corpus ossis ilii abgesetzt

d Gerade nach kranial gerichtete Kontur, kantig vom Corpus ossis ilii abgesetzt

e Vom kranialsten Punkt des Azetabulumrandes zunächst kurz kraniolateral gerichtet, sodann winklig nach kraniomedial abknickende Kontur

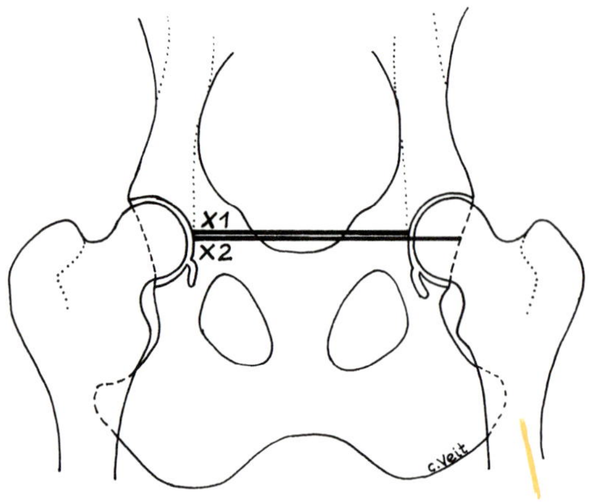

Abb. 12 Meßstrecken X_1 und X_2 zur einseitigen Bestimmung der Azetabulumtiefe nach PIEHLER

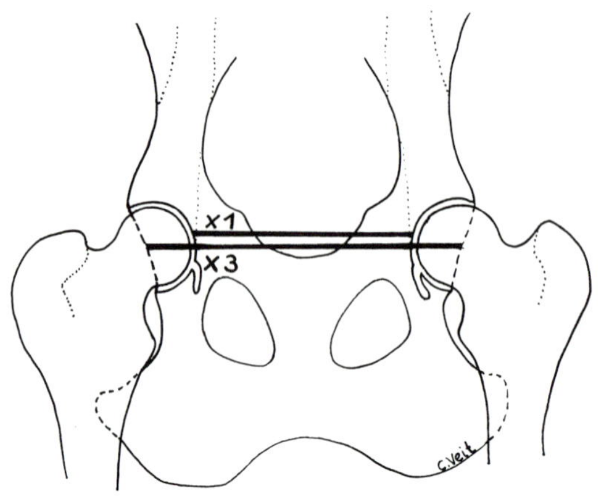

Abb. 13 Meßstrecken X_1 und X_3 zur beidseitigen Bestimmung der Azetabulumtiefe nach PIEHLER

Von manchen Zuchtverbänden und Auswertungszentralen wird die Einteilung in vier Grade noch verwendet, ohne daß es indessen sicher scheint, daß diese auch noch mit den Definitionen nach SCHNELLE identisch sind.

Bestimmung der Azetabulumtiefe und Gradeinteilung nach PIEHLER (1967)

Die Azetabulumtiefe wird durch die Differenz zweier Strecken bestimmt (Abb. 12 und 13). Hierzu wird der Meßwert der Entfernung vom tiefsten Punkt des einen Azetabulum zum tiefsten Punkt des anderen Azetabulum (Strecke X_1) abgezogen von dem Meßwert der Entfernung vom tiefsten Punkt des Azetabulum der einen Seite bis zur Mitte des Pfannendaches der anderen Seite (Strecke X_2).

Da die absoluten Zahlen zu wenig aussagen, werden beide Strecken X_1 und X_2 zueinander ins Verhältnis gebracht und die Strecke X_1 in Prozent der Strecke X_2 ausgedrückt.

$$\frac{X_1 \cdot 100}{X_2} = Y_1\,\%$$

Die Tiefe des zweiten Azetabulum wird nach derselben Weise bestimmt.

Einfacher ist es, die Tiefe beider Hüftgelenkpfannen gleichzeitig zu bestimmen. Dafür wird der Wert der Strecke X_1 ins Verhältnis gesetzt zu dem Meßwert der Strecke von der Mitte eines Pfannendaches zur Mitte des anderen Pfannendaches (Strecke X_3).

$$\frac{X^1 \cdot 100}{X^3} = Y^2\,\%$$

Aufgrund seiner Befunde nahm PIEHLER folgende Gradeinteilung vor:

Messung beider Azetabula zusammen (Wert Y^2):

Gesunde Hüftgelenke	55 – 69 %
HD 1. Grad	70 – 73 %
HD 2. Grad	74 – 79 %
HD 3. Grad	>80 %

Da hochgradige Fälle nicht mehr korrekt auszumessen sind, faßte er die Grade 3 und 4 nach SCHNELLE (1954) zu einem Grad, dem 3. Grad seiner Einteilung zusammen.

Für die Messung nur jeweils eines Hüftgelenkes gibt PIEHLER folgende Einteilung an:

Gesunde Hüftgelenke	72 – 81 %
HD 1. Grad	82 – 84 %
HD 2. Grad	85 – 89 %
HD 3. Grad	>90 %

Bei Teckeln und Pekinesen gelten diese Werte nicht, da sie nach PIEHLER flachere Gelenkpfannen haben. Die Normwerte liegen bei diesen Rassen zwischen 70 und 75 % für die Messung beider Hüftgelenkpfannen zusammen.

Da die Strecken nach PIEHLER bei nicht optimaler Qualität der Röntgenaufnahmen nicht exakt gemessen werden können und auch sonst Nachteile mit dieser Methode verbunden sind (LOEFFLER und VOLCKART, 1969), hat sie sich nicht durchsetzen können.

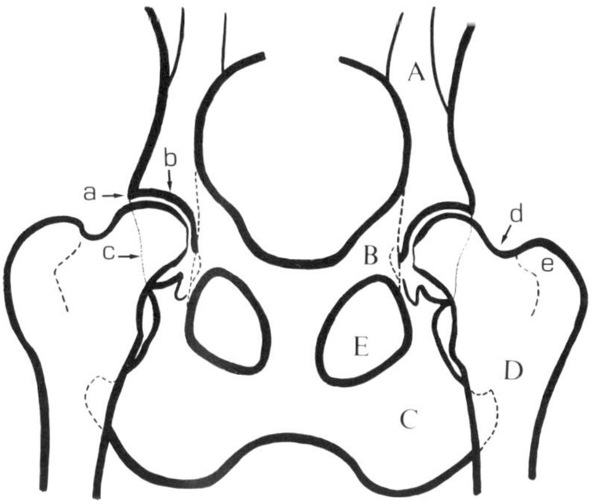

Abb. 14 Schema der anatomischen Strukturen, wie sie sich auf Röntgenaufnahmen darstellen:
A Darmbein
B Schambein
C Sitzbein
D Oberschenkelknochen
E Foramen obturatum

a kraniolateraler Pfannenrand
b vordere Pfannenkontur
c Pfannendach
d Oberschenkelhals
e großer Umdreher

HD-Beurteilung nach MÜLLER und SAAR (1966)

Von MÜLLER und SAAR wurde eine Einteilung in folgende Grade vorgeschlagen und im deutschsprachigen Raum weitgehend übernommen:

kein Hinweis für HD,
verdächtig für HD,
leichte HD,
mittlere HD,
schwere HD.

Die Veränderungen bei den verschiedenen Graden der HD wurden von einer Kommission der FCI (féderation cynologique international) folgendermaßen beschrieben (BRASS et al., 1978):

Kein Hinweis für Hüftgelenksdysplasie

Der Femurkopf und das Azetabulum sind kongruent und der Winkel nach NORBERG (in Pos. 1) ist 105° und größer. Der kraniolaterale Rand des Azetabulum (Abb. 14) zeigt sich scharf oder in geringem Maße abgerundet. Der Gelenkspalt ist eng und gleichmäßig. Bei hervorragenden Hüftgelenken umgreift der kraniolaterale Azetabulumrand den Femurkopf etwas weiter nach laterokaudal.

Übergangsform (verdächtig für HD)

Entweder sind Femurkopf und Azetabulum in geringem Maße inkongruent mit einem Norberg-Winkel (in Pos. 1) von 105° oder größer, oder der Norberg-Winkel ist kleiner als 105°, wobei der Femurkopf und das Azetabulum kongruent sind. Geringe Unschärfen am kranialen, kaudalen oder dorsalen Azetabulumrand können vorhanden sein.

Leichte HD

Femurkopf und Azetabulum sind inkongruent, der Norberg-Winkel ist größer als 100° und/oder der kraniolaterale Rand des Azetabulum ist in geringem Maße abgeflacht. Unschärfen oder höchstens geringe Anzeichen osteoarthrotischer Veränderungen des kranialen, kaudalen oder dorsalen Azetabulumrandes können vorhanden sein.

Mittlere HD

Deutliche Inkongruenz zwischen Femurkopf und Azetabulum mit Subluxation. Norberg-Winkel größer als 90° (nur als Referenz). Abflachung des kranialen Azetabulumrandes und/oder osteoarthrotische Merkmale.

Schwere HD

Auffällige dysplastische Veränderungen an den Hüftgelenken, wie z. B. Luxation oder deutliche Subluxation, Norberg-Winkel unter 90°, deutliche Abflachung des kranialen Azetabulumrandes, Deformierung des Femurkopfes (pilzförmig, abgeflacht) oder andere osteoarthrotische Merkmale.

Inzwischen wurde der Begriff **„verdächtig für HD"** weitgehend durch die Bezeichnung **„Übergangsform"** bzw. **„Grenzfall"** ersetzt. Dadurch soll zum Ausdruck gebracht werden, daß es sich in solchen Fällen nicht um Tiere mit nachweisbarer HD handelt, sondern eher um Gelenkformen, die noch im Rahmen der anatomischen Variationsbreite liegen. Geringste Formen der HD können, wie oben erwähnt, hiergegen nicht abgegrenzt werden. Dies muß bei der Zuchtbewertung berücksichtigt werden.

Um Differenzen in der Gradeinteilung bzw. der Benennung der Grade im internationalen Vergleich ausgleichen zu können, wurde eine Einteilung in die Gruppen A – E, jeweils mit Unterteilung in A_1 und A_2 etc. vorgeschlagen (s. S. 55, 57).

Da die HD als polygenes Merkmal weitgehend genetisch bedingt ist, haben bei ihrer Bekämpfung züchterische Maßnahmen große Bedeutung (s. S. 39). Dabei ist der Selektionserfolg weitgehend von der Selektionsintensität abhängig (s. S. 43).

Die Entscheidung, mit welcher Intensität gegen das Merkmal HD selektiert werden kann bzw. soll, muß von jedem einzelnen Rassehundezuchtverein getroffen werden. Dabei sind die Verbreitung der HD in der Rasse und die zur Verfügung stehende Zuchtbasis, d. h. die Größe der zur Zucht zur Verfügung stehenden Hundepopulation, zu berücksichtigen. Je seltener die HD in der Rasse vorkommt und je größer die Zuchtbasis ist, desto strenger kann die Selektion erfolgen, z. B. können schon alle Tiere mit Übergangsform oder solche mit Grad B_2 von der Zucht ausgeschlossen werden. Ist hingegen die Zuchtbasis klein und die HD in der Rasse häufig, dann ist es u. U. unumgänglich, auch noch Tiere mit mittlerer HD zur Zucht zu verwenden. Allerdings kann dann kein rascher Selektionserfolg erwartet werden, und die Zuchtmaßnahmen sollten von Zeit zu Zeit überprüft und verschärft werden. Es ist richtig, daß Hunde „nicht nur aus Hüftgelenken bestehen“ und bei der Zucht auch andere Merkmale berücksichtigt werden müssen. Jeder Züchter sollte sich aber stets vor Augen halten, daß die HD ein Merkmal mit Krankheitswert ist und somit die Rücksicht auf die Tiere ein intensives Vorgehen erfordert.

Basis für die Selektionsmaßnahmen ist die anhand von Röntgenaufnahmen erstellte Diagnose.

3 Diagnose

H. J. Ficus

Vorbericht

Untersuchungen auf Hüftgelenksdysplasie beim Hund erfolgen in der weitaus größten Zahl der Fälle auf Wunsch des Tierbesitzers. Die Begründung dazu liegt einmal in dem Willen, darüber eine gesicherte Aussage zu erhalten, ob das Tier im Bereich der Beckenextremitäten voll belastbar ist oder inwieweit eine Schonung erforderlich erscheint. Zum anderen schreiben die modernen Zuchtbestimmungen bei den meisten Gebrauchs- oder Rassehundezuchtvereinen vor, für eine Zuchtzulassung oder Ankörung bei Rüde oder Hündin nachzuweisen, ob bei dem Tier die Hüftgelenke korrekt ausgebildet sind oder ob eine Hüftgelenksdysplasie besteht. Ein Vorliegen einer HD einerseits und der Grad der Veränderungen andererseits sind für eine Zuchtverwendung von entscheidender Bedeutung. Der begreifliche Wunsch eines Tierbesitzers, darüber möglichst frühzeitig Klarheit zu erlangen, führt oft dazu, daß schon Welpen oder Jungtiere dem Tierarzt mit der Bitte um eine Diagnostik vorgeführt werden. Und dies selbst dann, wenn die Knochenentwicklung des Jungtieres eine eindeutige Beurteilung noch gar nicht zuläßt.

Bei einer anderen Gruppe von Patienten sind es Störungen im Bewegungsablauf, Lahmheiten in den Beckengliedmaßen, Schmerzhaftigkeit in den Gelenken bei Bewegung, beim Abtasten (Palpation) oder sogar schon bei Berührung, die zu einer Vorstellung mit der Bitte um eine Untersuchung auf Hüftgelenksdysplasie führen. Nicht selten aber erfolgt die Diagnostik einer Hüftgelenksdysplasie als Nebenbefund einer Röntgenuntersuchung aus einer völlig anderen klinischen Indikation.

Lahmheit im Bereich der Beckengliedmaßen bzw. Nachhandschwäche deuten keineswegs dringend auf Vorliegen einer HD. Ganz im Gegenteil kann ein Hund mit einer mittelgradigen Hüftgelenksdysplasie einen völlig normalen Bewegungsablauf bei unverminderter Ausdauer zeigen. Als vor gut 30 Jahren in der Bundesrepublik Deutschland die gezielte Röntgenuntersuchung auf HD begann, wurden begreiflicherweise zuerst bekannte Spitzentiere der Untersuchung zugeführt. Bei Deutschen Schäferhunden aus der Klasse „V-Auslese" fanden sich dabei Tiere, die Hüftgelenksdysplasien schwersten Grades zeigten. Formen, die heute nach der intensiven Bekämpfung kaum noch vorstellbar sind. Beide Hüftgelenke waren voll luxiert, und dennoch liefen diese Hunde, wie gefordert, 45 bis 60 Minuten ohne sichtbare Abweichungen von der Norm vor den Leistungsrichtern im Führring. Richter, Züchter und Besitzer von Gebrauchshunden urteilen nicht selten voreilig mit einem Hinweis auf das mögliche Vorliegen einer HD bei der Betrachtung eines Hundes. Dabei ist die Beurteilung eines Tieres in der Bewegung auf das Vorhandensein einer Hüftgelenksdysplasie sehr schwer und unsicher. Den leidlich sicheren Hinweis bietet die Betrachtung des Hundes von hinten. Eine breite Kruppe kann auf das Vorliegen von Gelenksanomalien hinweisen. Die Schmerzhaftigkeit bei der manuellen Bewegung der Beckengliedmaße stellt ebenfalls kein sicheres Krankheitszeichen für eine HD dar. Einschränkend ließe sich nur sagen, daß eine deutliche Behinderung der freien Rotation der Hüftgelenke die Möglichkeit einer HD als Ursache aufzeigen könnte. Eine sichere Diagnostik dieses Krankheitsbildes läßt sich nur durch eine Röntgenuntersuchung von Beckenregion und Oberschenkeln erstellen.

Röntgenuntersuchung

Um eine Röntgenuntersuchung durchzuführen, die nicht national gebunden und jederzeit nachvollziehbar eine einheitliche Befunderhebung zuläßt, müssen ganz bestimmte Voraussetzungen erfüllt werden.

Von der FCI (fédération cynologique international) anerkannt, erarbeitete eine Kommission Empfehlungen über Lagerung und Positionierung des zu untersuchenden Hundes (Brass et al., 1978), die inzwischen international Gültigkeit haben.

Um die Hüftgelenke beurteilbar auf einer Röntgenaufnahme abzubilden, sollten diese möglichst nahe der Röntgenfilmebene gelagert werden. Um dies zu erreichen, wird der Hund in Rückenlage auf die Röntgenfilmkassette gelagert. Da beide Hüftgelenke auf einer Aufnahme beurteilt werden sollen, müssen sie beide in gleicher Situation abgebildet werden (Abb. 15). Das bedeutet, daß das Becken absolut plansymmetrisch gelagert werden muß. Auf der Röntgenaufnahme lassen sowohl die abgebildeten Darmbeinflügel als auch die Foramina obturata (Löcher im knöchernen Beckenboden) erkennen, ob diese Voraussetzung erfüllt wurde. Die Position des Femurkopfes in der Gelenkpfanne wird dadurch vereinheitlicht, daß die beiden Hinterläufe gut nach kaudal gestreckt werden. Um auch hier die gleichen Verhältnisse für beide Hüftgelenke zu schaffen, sollen die Oberschenkel so weit nach medial eingedreht werden, daß die beiden Kniegelenke senkrecht vom Röntgenstrahl getroffen werden. Auf der Röntgenaufnahme erhält man dadurch davon Kenntnis, daß beide Kniescheiben jeweils genau in die Mitte des Kniegelenks plaziert erscheinen. Korrekt liegen die beiden Oberschenkel parallel nebeneinander (Pos. 1).

Für eine größere Sicherheit der Diagnose kann ein zweite Röntgenaufnahme in einer Position mit angewinkelten Gelenken beitragen (Pos. 2). Dazu werden die Hinterbeine in der Fußregion (Metatarsus) erfaßt und die Gelenke so gebeugt, daß die Sprunggelenke mit ihren Fersenhöckern möglichst weit kranial seitlich dem Tisch aufliegen. Es ist darauf zu achten, daß das Becken flach gelagert wird und nicht hinten vom Tisch abhebt.

Diese für die Röntgenuntersuchung unbedingt erforderlichen Lagerungen lassen sich in den wenigsten Fällen bei einem unsedierten Hund herbeiführen. Aus diesem Grunde muß der Patient vor der Untersuchung medikamentös ruhiggestellt werden. Diese Sedation ist jedoch auch noch aus einem zweiten Grunde erforderlich. Dieser besteht in der erwünschten Muskelerschlaffung der Oberschenkel- und Kruppenmuskulatur, um die Festigkeit des Hüftgelenkschlusses beurteilen zu können. Die Sedation des Hundes verringert daneben ganz erheblich die mögliche Verletzungsgefahr bei einer Abwehrreaktion sowohl für das zu untersuchende Tier als auch für den Tierarzt und das Hilfspersonal. Die immer wieder geäußerte Angst vor Narkosezwischenfällen ist bei einer korrekten Voruntersuchung und richtiger Wahl von Medikament und Dosis unbegründet. Gerade die Ruhigstellung des Tieres verhindert psychische Störungen durch die ungewohnten Manipulationen während der Röntgenuntersuchung.

Von der technischen Seite her müssen ebenfalls bestimmte Vorgaben erfüllt werden, um eine gut auswertbare Röntgenaufnahme zu erstellen.

Die von der Röntgenstrahlung zu durchdringenden Gewebe sind im Beckengebiet dicht und bei großen Hunderassen von beachtlichem Umfang. Um unter diesen Voraussetzungen zu einer qualitativ guten Röntgenaufnahme zu gelangen, um in Schärfe und Kontrast optimal zu arbeiten, muß das Röntgengerät in der Lage sein, eine ausreichend hohe Leistung abzugeben (Abb. 16). Kleine Röntgengeneratoren benötigen für die erforderliche Strahlungsleistung eine zu lange Belichtungszeit, oft von 1,0 – 2,0 s. Da man jedoch im Gegensatz zur Röntgenaufnahme am Menschen die Atmung des zu Untersuchenden nicht beeinflussen kann, sind Veratmungsunschärfen dann noch die kleinsten der die Aufnahme negativ beeinflussenden Folgen. Zur Erstellung einer qualitativ guten Aufnahme ist die Verwendung eines Streustrahlenrasters sinnvoll und erforderlich. Auch dadurch steigt die Leistungsanforderung an ein Röntgengerät. Durch die Ausleuchtung des Aufnahmefeldes mit Hilfe eines Lichtvisieres vermindert sich die Strahlenbelastung der den Hund haltenden Person. Während bei kleineren Hunderassen Verstärkerfolien vom Typ „Spezial“ verwendet werden sollten, ist bei großen Hunden, in Abhängigkeit von der Leistungsstärke des Röntgengerätes, eventuell der Einsatz von Folien vom Typ „Seltene Erden – SE“ 4 bis 6 zur Erhöhung der Geräteleistung erforderlich. Daß die Röntgenaufnahmen korrekt entwickelt, fixiert und gewässert werden müssen, versteht sich von selbst. Da Röntgenaufnahmen auf Hüftgelenksdysplasie nicht selten von erheblicher rechtlicher Bedeutung sein können, muß die Möglichkeit einer Verwechslung von Bildern mit Sicherheit ausgeschlossen werden. Jede Aufnahme muß daher unveränderbar gekennzeichnet werden. Welcher Weg dazu beschritten wird, ist dem Untersucher überlassen. Die Hüftgelenkskommission der FCI hat festgelegt, daß folgende Angaben dokumentiert werden sollten:

1. Zuchtbuchnummer
2. Tätowiernummer

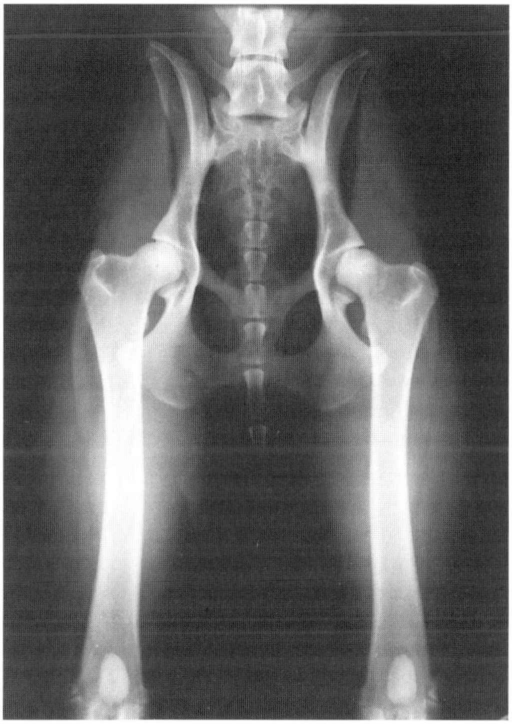

Abb. 15 Lagerung des Hundes in Rückenlage. Beide Hüftgelenke sind in gleicher Situation abgebildet

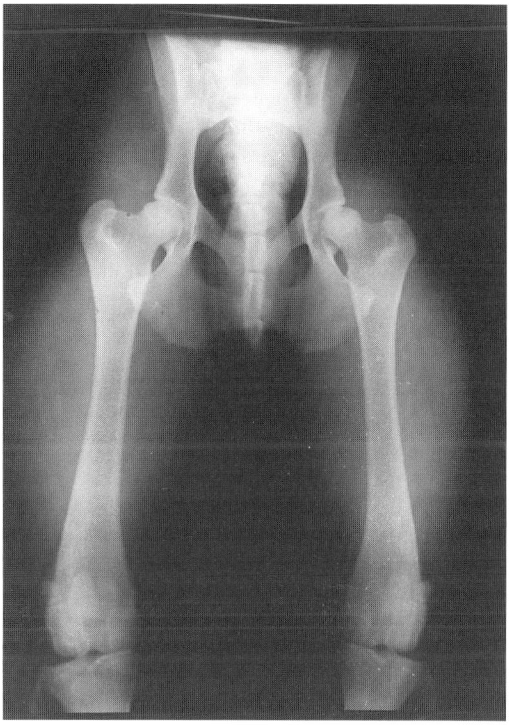

Abb. 16 Strahlendosis zu schwach, kein ausreichender Kontrast

3. Rasse
4. Datum der Röntgenaufnahme
5. Kennzeichnung der Seitenpositionen.

In der Praxis empfiehlt sich noch der Zusatz des Namens des Hundes. Am besten eignet sich zweifellos die Kennzeichnung eines Filmes mit der Angabe von Rasse, Namen des Hundes, Zuchtbuchnummer und zusätzliche Datumsangabe der Erstellung der Röntgenaufnahme. Die Kennzeichnung eines Filmes durch die Einstanzung der Zuchtbuchnummer mittels einer Tätowierzange sollte das absolute Mindestmaß einer Möglichkeit darstellen. Die Beschriftung des Röntgenfilmes mit weißer Tusche, Kugelschreiber oder durch aufkleben eines Etikettes erfüllt die Forderung nach unveränderbarer Kennzeichnung nicht. Um eine einheitliche Form beurteilbarer HD-Aufnahmen zu erhalten, wurde die Formatgröße des Röntgenfilmes mit 30×40 cm vorgeschrieben. Lediglich bei kleinen Hunderassen, wie zum Beispiel Cocker, wie auch bei der Erstellung einer zweiten Aufnahme in der Lagerung mit nach kranial angewinkelten Gliedmaßen, ist ein Filmformat von 24×30 cm zugelassen. Um mögliche Unterschiede an den beiden Hüftgelenken beurteilen zu können, ist die Verwendung von Bleibuchstaben R bzw. L erforderlich.

Vorröntgen

Es ist verständlich, daß der Tierhalter oder ein Züchter möglichst früh erfahren möchten, ob ein Hund mit Hüftgelenksdysplasie belastet ist oder nicht. Aus diesen Erwägungen heraus wird das Tier dem Tierarzt zum „Vorröntgen" vorgestellt. Von dieser Untersuchung, die offiziell ohne Wertung bleiben muß, erwartet der Vorstellende jedoch eine gefestigte Wertungsaussage. Dabei wird oft vergessen, daß ein jugendliches Hüftgelenk noch nicht seine spätere Endform besitzt. Im günstigsten Falle lassen sich spätere schwere Hüftgelenksdysplasieformen andeutungsweise leidlich sicher diagnostizieren. Aber gerade die erwünschten, ja erwarteten Urteile „Normal"/„Frei von HD" oder „Fast normal"/„Übergangsform" lassen sich auf keinen Fall verifizieren. Der Untersucher sollte sich sehr vor Aussagen in der erwarteten Richtung hüten. Sie sind nicht selten später, wenn die offizielle HD-Untersuchung vorgenommen worden ist und eine ungünstigere Bewertung vorliegt, Anlaß zu Unstimmigkeiten, ja selbst zu juristischen Auseinandersetzungen. Wirklich vertretbar aber ist das Vorröntgen dennoch.

Nämlich dann, wenn man bei einem Gebrauchshund im Alter von 7 bis 9 Monaten abklären möchte, ob von der Situation der Hüftgelenke her der Beginn einer Ausbildung vertretbar ist und wie hoch die Belastung sein darf. Hierzu wird das gesamte Hüftgelenk als ganzes betrachtet, ohne sich auf eine HD allein festzulegen. Aber auch für eine derartige Röntgenaufnahme sollte der Hund wie zu einer echten HD-Untersuchung ausreichend sediert werden. Bei einem Junghund ist die Sedation schon aus dem Grunde sinnvoll, um ihn durch die notwendigen Manipulationen zu der Aufnahme und den Zwang zur Ruhigstellung nicht unnötig zu schocken. Die Sedation sollte jedoch nicht eher aufgehoben werden, ehe die erstellte Aufnahme entwikkelt und betrachtet worden ist. Es wäre unverantwortlich, würde eine qualitativ ungenügende Röntgenaufnahme das Ergebnis einer HD-Untersuchung in Narkose sein.

Zentrale Auswertung

Die Auswertung und Beurteilung einer Röntgenaufnahme auf Hüftgelenksdysplasie erfordert Wissen und Erfahrung. Bedenkt man noch, daß für die Auswertung eine umfassende Kenntnis rassespezifischer Unterscheidungen nötig ist, so ist es verständlich, daß sich im Laufe der Zeit die Bildung „zentraler Auswertungsstellen" entwikkelt hat. Für einen Rassehundverein bieten derartige Stellen die beste Gewähr für die Hilfe bei der Zuchtauslese. Nicht unerwähnt sollte aber auch bleiben, daß derartige Zentralen den unbestreitbaren Vorteil absoluter Neutralität beinhalten. Der die Röntgenaufnahme anfertigende Tierarzt ist, bewußt oder unbewußt, in seiner Beurteilung befangen. Dies kann am Ende dem Zweck der HD-Untersuchung nicht dienlich sein.

Der Eigentümer eines Hundes, der Mitglied eines Zuchtvereins ist, der in seiner Satzung Regularien über die Untersuchung auf Hüftgelenksdysplasie und deren Auswirkungen auf die Zuchtzulassung der Hunde aufgenommen hat, erkennt durch seine Mitgliedschaft diese Bestimmungen an. Der Zuchtverein bestimmt oder benennt die Stelle, die allein für die Auswertung der Röntgenaufnahmen zuständig ist. Diese Beurteilung ist allein gültig. Hat der Tierhalter jedoch begründete Einwände gegen das ergangene Urteil durch die HD-Zentrale, so steht ihm in der Regel auf Antrag bei seinem Zuchtverein eine erneute Beurteilung der ersten und neu zu erstellender Röntgenaufnahmen bei einem von dem Verein bestellten Obergutachter zu. Er erkennt aber gleichzeitig an, daß dessen Urteil nunmehr ein endgültiges zu sein hat. Zuchtvereine können auf Hinweis ihrer zentralen Auswertungsstelle bei offensichtlichen Betrugsversuchen durch Falschkennzeichnung von Röntgenbildern oder sichtbare Manipulationen bei der Erstellung einer Aufnahme die Annahme derartiger Röntgenbilder zur Beurteilung und Bewertung verweigern.

Zwischen Zuchtvereinen gleicher Hunderassen im In- und Ausland sind gegenseitige Anerkennungsverfahren der jeweils zuerkannten Beurteilung möglich.

Juristische Fragen

Immer wieder taucht die Frage nach dem Verbleib einer angefertigten Röntgenaufnahme auf. Hierzu muß grundsätzlich zweierlei festgehalten werden.

In der Regel werden die Röntgenaufnahmen auf Hüftgelenksdysplasie nach der Einsendung durch den röntgenden Tierarzt an die zentrale Auswertungsstelle, resp. den Zuchtverein, an einem von diesem zu bestimmenden Ort archiviert und gelagert. Dies ist für eine Beurteilung der Erblichkeit, Wirksamkeit von Zuchtrestriktionen sowie andere Zucht- und wissenschaftliche Erkenntnisse sinnvoll. Auch bei juristischen Streitfällen stellt dies eine Möglichkeit einer schnellen Beschaffung erforderlichen Beweismaterials dar. Die weit verbreitete Meinung, daß durch die Honorarzahlung an den Röntgentierarzt das Besitzrecht an der Röntgenaufnahme erworben sei, ist juristisch nicht haltbar. Die Bezahlung erfolgt für den Auftrag, die Durchführung, die Betreuung während der Untersuchung sowie für die Bewertung des Bildes. Der röntgende Tierarzt oder in speziellen Fällen der Zuchtverein ist zur Aufbewahrung der Röntgenaufnahmen auf Lebenszeit des Patienten verpflichtet. Eventuell lassen sich Wege finden, wenn in wirklich begründeten Ausnahmefällen ein Tierbesitzer eine Aufnahme anfordern will.

Die Frage des Eigentumsrechtes an Röntgenaufnahmen regeln juristisch folgende Bestimmungen:

1. das Urheberrecht des röntgenden Tierarztes nach § 2, Abs. 1 Urheberrechtsgesetz vom 9. 9. 1965 und
2. Röntgenverordnung nach § 29 vom 1. 1. 1988.

Dies bedeutet, daß über die Aufnahmen Aufzeichnungen angefertigt und aufbewahrt werden müssen. Von diesen Aufzeichnungen, wie auch von den Röntgenaufnahmen können Kopien erstellt und dem Besitzer ausgehändigt werden. Die Originale dagegen müssen 10 Jahre lang aufbewahrt werden. Das Gesetz schreibt aber auch vor, daß Röntgenaufnahmen Berufskollegen auf Anforderung **leihweise** überlassen werden dürfen. Die Aufnahmen bleiben dennoch stets Eigentum des Herstellenden.

Es gibt davon nur eine Ausnahme. Röntgenaufnahmen gehören dann dem Tierbesitzer, wenn er die Aufnahmen hat anfertigen lassen, ohne darüber eine Bescheinigung oder eine Diagnose zu verlangen. Dies jedoch verstößt als unnötige Strahlenbelastung gegen die gültigen Strahlenschutzbestimmungen und ist daher abzulehnen.

Ferner darf nicht übersehen werden, daß Röntgenaufnahmen nach § 810 BGB als Urkunden zu gelten haben.

Für die HD-Bekämpfung gilt hier die Regel, daß die Röntgenaufnahme vom Tierarzt der zentralen Auswertungsstelle oder der Geschäftsstelle des betreffenden Zuchtvereins überlassen wird, mit der Auflage, daß die Filme dort archiviert und jederzeit abrufbereit gelagert werden.

Da es um die Aushändigung von Röntgenaufnahmen an den Tierhalter oft zu Mißhelligkeiten kommt, sollte ein diesbezüglicher Passus in die Geschäftsbedingungen von Klinik oder Praxis aufgenommen werden. Ist dies bisher nicht erfolgt, sollte ein Aushang an gut sichtbarer Stelle in der Praxis darauf hinweisen.

HD-Röntgenaufnahmen sind deshalb so sorgfältig aufzubewahren, weil sie unter Umständen auch ein wichtiger Teil der Krankengeschichte sind, der jederzeit verfügbar sein muß.

Schlußbetrachtung

Die Röntgenuntersuchung auf Hüftgelenksdysplasie dient der Erkennung und durch geeignete Zuchtmaßnahmen der Bekämpfung dieser Erkrankung. Nur korrekt durchgeführte diagnostische Verfahren sichern ein korrektes Beurteilungsergebnis. Nicht jeder Hund kann und wird die Idealform von Hüftgelenken vorweisen können.

Begreiflich ist auch, daß jeder Tierbesitzer sich für seinen Hund einen möglichst guten Röntgenbefund erhofft. Dies darf aber nicht dazu führen, daß der Untersuchende zu unerlaubten Manipulationen greift. In Kreisen engagierter Züchter gibt es den Begriff des „Hüftgelenkzauberers“, zu dem Hundehalter selbst von sehr weit her zu der Röntgenuntersuchung anreisen. Dabei ist es doch ganz klar, daß jeder Hund seinen ganz spezifischen Hüftbefund mit sich trägt. Wird hier aber bei der Untersuchung „geschönt“, so tut man weder seinem eigenen Hund, seiner Zucht noch seiner Rasse einen Dienst. Wieviel Unheil kann ein derartiger Betrug mit einem sonst vielleicht erwünschten Deckrüden in einer Rasse anrichten. Und in der eigenen Zucht? Schon in der nachfolgenden Generation wird u. U. der hohe Anteil von Tieren mit nicht korrekten Hüftgelenken auffallen und Nachforschungen auslösen. Es ist darum klar, daß alle Zuchtvereine äußerst scharf und sensibel auf erwiesene Manipulationen reagieren. Zuchtverbot für den Tierbesitzer und Ausschluß eines Röntgenuntersuchers von jeder weiteren HD-Untersuchung sind selbstverständliche Folgen. Dazu kommt dann unter Umständen noch ein privatrechtliches Verfahren gegen die Beteiligten.

4 Differentialdiagnose

H. J. FICUS

Das klinische Bild einer Hüftgelenksdysplasie ist vielseitig und keineswegs krankheitstypisch. Hinterhandschwäche bis zu einer totalen Lahmheit, Schmerzhaftigkeit sowohl in der Bewegung als auch bei einer Untersuchung durch Palpation, Adduktion oder Rotation der Hintergliedmaße treten auch bei einer größeren Zahl ursächlich sehr differenter Erkrankungen auf.

Lahmheiten im Beckengliedmaßenbereich können durch zentrale oder periphere Nervenschäden bedingt sein. Bei den zentralen kommen Traumen, raumgreifende Neubildungen oder Schädigungen durch Infektionskrankheiten (z. B. Staupe) in Betracht. Rückenmarksläsionen durch Wirbelluxationen oder -frakturen, Knochensubstanzschäden, Spondylosen, Diskopathien, Tumoren oder Myelitis können durchaus ein ähnliches Krankheitsbild aufweisen. Periphere Nervenschäden kommen dagegen beim Hund relativ selten vor. Sehnen- und Bänderschäden wie auch Muskelerkrankungen (Myopathien) bis hin zu fortschreitendem Muskelsubstanzverlust, einseitig oder beidseitig auftretend, hindern einen Hund erheblich beim Aufstehen und in der Bewegung.

Alle die geschilderten Beispiele können ein durchaus ähnliches Erscheinungsbild wie beim Vorliegen einer HD darbieten. Die Röntgenuntersuchung wird jedoch den Unterschied klar belegen.

Anders ist es mit der Abgrenzung gegenüber einer Gruppe nicht selten auftretender Knochenerkrankungen.

Bei der Osteoporose, die angeboren oder durch Allgemeinerkrankungen erworben sein kann, kommt es zu einer mangelhaften Verkalkung. Die Röhrenknochen zeigen eine sehr dünne Kortikalis und eine geringe Spongiosazeichnung. Eine spezielle Form dieser Erkrankung, erkennbar durch bei ihr typischerweise auftretende Blutungen durch Aderbrüche und druckempfindliche Auftreibungen an den Metaphysen der Röhrenknochen, wird als Morbus Möller-Barlow bezeichnet.

Bei der Osteomalazie ist das röntgenologische Bild sehr ähnlich. Bei dieser Erkrankung wird das sich ständig regenerierende Knochengewebe nicht ausreichend mineralisiert. Bei der Osteodystrophie kommt es zu einer Störung im Mineralstoffwechsel durch Überfunktion von Epithelkörperchen und weitere organische Ursachen.

Wachstumsstörungen an Gelenkflächen, bedingt durch Überbelastung durch zu großes Körpergewicht oder Fehlbelastung durch eine Verlagerung der Belastungsrichtung, führen zu Abflachungen und Inkongruenz der Gelenkflächen, wie auch zu unterschiedlicher Hypoplasie der Gelenkknorpel. Diese Störungen können im Hüftgelenk zu der Bildung einer „Coxa valga“, der Zunahme des Winkels zwischen Femurschaft und Femurhals auf mehr als 130°, oder zu einer „Coxa vara“ führen, bei der dieser Winkel nahezu 90° erreicht.

Weitere Schädigungen der Hüftgelenke sind Folgeerscheinungen durch überstandene Femur- oder Beckenfrakturen, die einhergehen mit Fehlstellungen oder Pseudarthrosen, Luxationen oder Subluxationen der Hüftgelenke. Differentialdiagnostisch muß auch an die „Calve-Legg-Perthes-Krankheit“, die aseptische Femurkopfnekrose, gedacht werden.

Alle diese Erkrankungen oder Schädigungen haben dennoch ihr eigenes Bild, das von einem erfahrenen Untersucher erkannt und von einer Hüftgelenksdysplasie abgegrenzt werden kann und muß.

Beurteilung von Röntgenaufnahmen

Die Beurteilung einer Röntgenaufnahme im Hinblick auf das Vorliegen einer Hüftgelenksdysplasie erfolgt nach der Prüfung und Bewertung einer Vielzahl von Kriterien, die sinnvollerweise nach einem bestimmten Schema zu bewerten sind. Auch hierfür hat die HD-Kommission der FCI Richtlinien erarbeitet, die sich in einem

Fragebogen widerspiegeln (s. S. 59) und unter dessen Anhalt bestimmte Dinge abgefragt werden.

Begonnen wird mit der kritischen Beurteilung der Lagerung des zu untersuchenden Hundes bei der Röntgenaufnahme. Das Becken soll symmetrisch dargestellt sein. Die Gliedmaßen müssen die Forderung nach einer guten Streckung erfüllen, die Eindrehung bis zur Projektion der Kniescheiben jeweils zwischen den Kondylen erfolgt sein (Pos. 1) (Abb. 22).

Auch für die Beurteilung der zweiten Aufnahme in gebeugter Gliedmaßenposition (Pos. 2) (Abb. 23) wird die korrekte Lagerung nach Symmetrie und Winkelung der Hintergliedmaßen nach kranial abgefragt. Wichtig ist dabei, daß das Becken nicht vom Röntgentisch abgehoben wurde. Dann folgen die eigentlichen Beurteilungskriterien für ein korrektes oder ein verändertes Hüftgelenk.

Die Gelenkpfanne (Azetabulum) soll tief angelegt sein. Eine flache Pfanne dagegen stellt einen gravierenden Fehler dar, da hier dem Oberschenkelkopf die umgreifende Bettung fehlt. Der vordere Pfannenrand soll sich scharf konturiert zeigen. Unschärfen und eventuelle Auflagerungen sprechen für einen Versuch des Organismus, dem Hüftgelenk eine breitere und somit tragfähigere Basis zu schaffen. Die vordere Pfannenkontur sollte rund auslaufen, sich also dem Femurkopf als Lagerfläche anbieten. Eine Abflachung nach vorn verringert die Auflagefläche mehr oder weniger stark.

Nach der Betrachtung der Gelenkpfanne ist der Oberschenkelkopf zu beurteilen. Die Idealform ist kugelförmig, in Größe und Gestalt sich der Pfanne anpassend. Aber gerade hier kommen nicht selten Abweichungen vor. Die Femurköpfe zeigen sich dann abgeflacht, eckig, pilzförmig oder größenmäßig unpassend zu klein. Durch diese Mißbildungen kommt es zu einem unkorrekten Sitz des Kopfes in der Pfanne. Das Gelenk kann dadurch zu lose, der Oberschenkelkopf subluxiert, im ungünstigsten Falle sogar luxiert sein. Der Oberschenkelhals soll deutlich vom Kopf abgesetzt sein, scharf konturiert, passend in seiner Länge, seiner Winkelung zum Femurschaft und ohne osteoarthrotische Auflagerungen. Für die Festigkeit eines Hüftgelenkes ist letztlich auch ein korrekter Gelenkschluß verantwortlich. Das zeigt sich darin, daß der Gelenkspalt eng und konzentrisch begrenzt ist, d. h. die Konturen des Oberschenkelkopfes und der Gelenkpfanne verlaufen parallel.

Um subjektive Eindrücke über die Position der Femurköpfe in den Gelenkpfannen im Bild des gesamten Beckens auszuschalten, wurde noch eine spezielle Winkelmessung (nach NORBERG) eingesetzt (s. S. 19). Der erwünschte Winkelwert beträgt 105° oder mehr. Geringere Werte deuten auf flache Pfannen oder auch sehr lose Hüftgelenke hin. Der NORBERG-Winkel für sich allein bietet keine Möglichkeit für eine Klassifizierung bei der Hüftgelenksdysplasie. Er ist jedoch stets ein wichtiges zusätzliches Befundkriterium und kann durchaus auf Gradunterschiede im Endurteil Einfluß haben.

Die Röntgenaufnahme in der 2. Position mit nach kranial angewinkelten Gelenken gestattet eine genauere Beurteilung des Femurhalses und das Erkennen von möglicherweise vorliegenden Wucherungen (Osteophyten in der Fossa trochanterica und im kranialen Bereich des Femurkopfes). Beurteilbar ist auch der hintere Pfannenrand, der normal mit dem vorderen etwa einen Halbkreis beschreiben soll. Normal ist in dieser Position eine erkennbare Delle am Femurkopf. In dieser Fovea capitis setzt das Ligamentum teres an. Besonders bei geringen HD-Befunden ist für eine Beurteilung das Heranziehen einer Röntgenaufnahme in der 2. Position hilfreich. Auf ihr lassen sich „lippenförmige" Exostosen am kranialen Rand des Femurkopfes als arthrotische Veränderungen erkennen, die in der Standardposition noch nicht zu sehen sind. Auch der Gelenkspalt läßt sich gut auf Kongruenz oder Divergenz beurteilen.

Nach Prüfung und Bewertung aller aufgeführten Fakten wird dann das Beurteilungsergebnis zu ermitteln sein.

Gradeinteilung

Der Befund **„Normal"** oder **„Kein Hinweis für HD"** ist dann gegeben, wenn die Pfanne tief, der Femurkopf und das Azetabulum sich kongruent zeigen. Auflagerungen dürfen weder am Pfannenrand noch am Oberschenkelhals zu erkennen sein. Die Winkelmessung nach NORBERG soll einen Wert von 105° oder mehr ergeben.

Als **„Fast normal"**, **„Übergangsform"** oder **„verdächtig für HD"** sind Hüftgelenke zu bezeichnen, wenn geringe Unregelmäßigkeiten an

Kopf und Pfanne sichtbar sind. Unschärfen dürfen nur sehr geringe Ausmaße annehmen. Der Winkel nach NORBERG soll in jedem Fall mindestens 100° sein.

Bei einem Urteil **„leichte HD"** sind Abweichungen von der Norm schon deutlicher zu erkennen. Oberschenkelkopf und Gelenkpfanne sind inkongruent. Oft besteht eine Abflachung der vorderen Pfannenkontur nach außen. Ebenfalls können geringe Auflagerungen am vorderen Pfannenrand vorhanden sein. Der Gelenkspalt divergiert, und der Winkel nach NORBERG zeigt Werte um 100°.

Eine **„mittlere HD"** weist schon gravierende Mängel auf. Das Azetabulum ist oft flach und zeigt deutlich osteoarthrotische Veränderungen. Der Femurkopf ist eventuell nicht rund, und der Gelenkspalt divergiert beachtlich. Der Oberschenkelhals hat oft walzenförmige Gestalt und zeigt sich gelegentlich verkürzt. Der NORBERG-Winkel weist Werte zwischen 90° und 100° aus.

Der Begriff einer **„schweren HD"** steht für deutliche dysplastische Veränderungen des gesamten Gelenks. Ein deformierter Femurkopf kann bei einer flachen Pfanne voll luxiert sein. Arthrotische Veränderungen und Anlagerungen sind unübersehbar. Der Winkel nach NORBERG bringt Werte unter 90°.

Erste Hinweise für das Vorliegen einer Hüftgelenksdysplasie bei scheinbar korrekten Hüftgelenken bieten die als frühe arthrotische Veränderungen zu wertenden Symptome:

a) Die MORGAN-Linie am Femurhals. Sie stellt eine Reaktion des Knochengewebes des Oberschenkelhalses auf eine unphysiologische Belastung dar.

b) Die Sklerosierung am Übergang von Femurkopf zu -hals, entstanden durch eine Randwulstbildung an der Fossa trochanterica als Folge gestörter Belastung des Knochengewebes (Abb. 17 und 18).

Es muß jedoch noch einmal deutlich ausgesprochen werden, daß für eine sichere und korrekte Beurteilung der Hüftgelenke eine qualitativ einwandfreie Röntgenaufnahme als absolute Notwendigkeit gefordert werden muß. Je besser sich Hüftgelenke ausweisen sollen, desto besser muß die Detailerkennbarkeit sein.

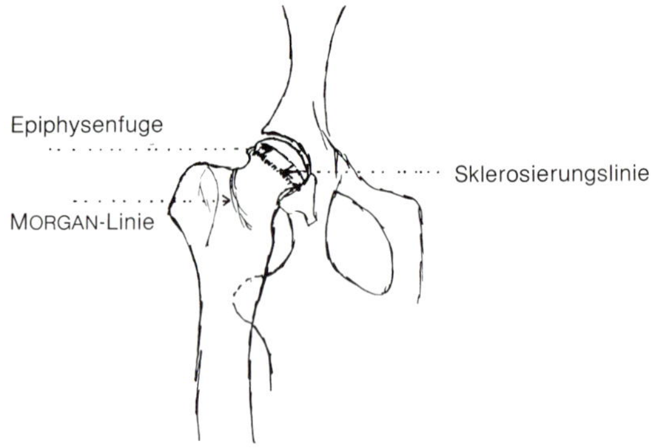

Abb. 17 Die MORGAN-Linie am Femurhals. Sie stellt eine Reaktion des Knochengewebes des Oberschenkelhalses auf eine unphysiologische Belastung der Band- und Muskelansätze dar

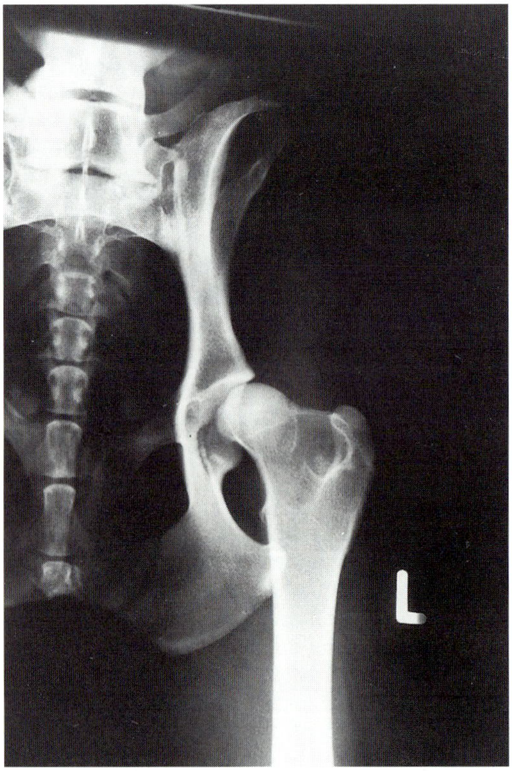

Abb. 18 Die Sklerosierung am Übergang von Femurkopf zu -hals, entstanden durch eine Randwulstbildung an der Fossa trochanterica als Folge gestörter Belastung des Knochengewebes

Abb. 19 Schablone für die Winkelmessung nach NORBERG

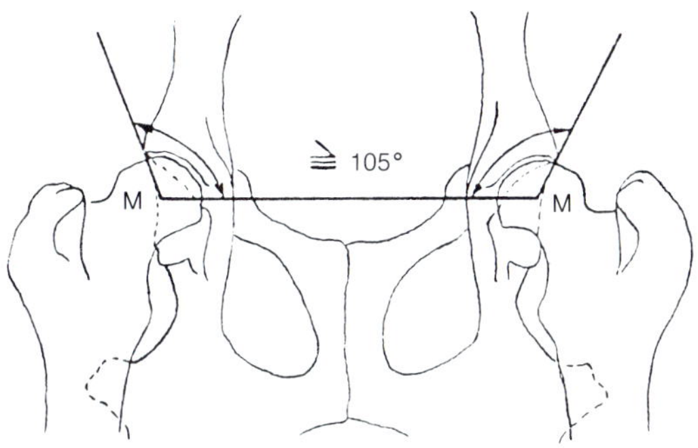

Abb. 20 Winkelmessung nach NORBERG

M = Zentrum des Kopfes

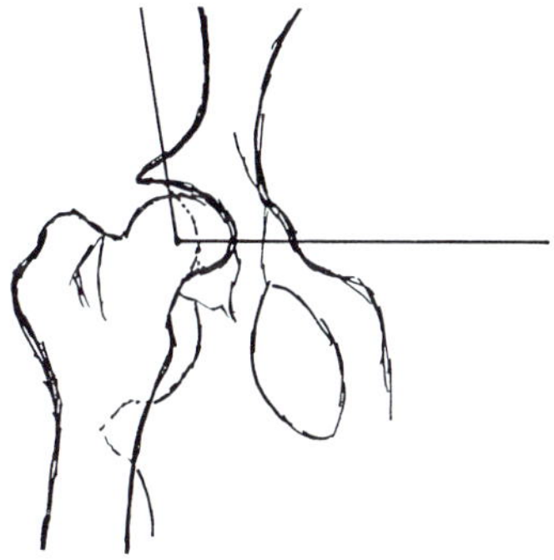

Abb. 21 Meßpunkt für die Winkelmessung nach NORBERG ist der kraniale Azetabulumrand und nicht der äußere Rand der Gelenkpfanne

Winkelmessung nach NORBERG

Für die **Winkelmessung** nach NORBERG wird eine Schablone benötigt (Abb. 19). Auf ihr sind auf einer Basislinie zwei Endpunkte markiert, die gleichzeitig Mittelpunkte von 4 bis 6 konzentrischen Kreisen sind. Aus dem Zentrum dieser Kreise steigen gefächert Linien auf, die gemeinsam mit der Basislinie Winkel von 90° bis 110° markieren. In der Regel beträgt die dargestellte Abstufung der Winkel jeweils 5°. Die Zentren der Kreise sind als enges Loch ausgebildet.

Die Messung eines NORBERG-Winkels wird wie folgt durchgeführt (Abb. 20). Durch Anlegen eines passenden der Kreisbögen an den Rand des Femurkopfes läßt sich unschwer das Zentrum des Kopfes bestimmen und durch das zentrale Loch in der Schablone hindurch auf dem Film markieren. Dieser Vorgang wird an dem zweiten Hüftgelenk wiederholt. Nunmehr verbindet man mittels der Basislinie die beiden Oberschenkelkopfmittelpunkte, plaziert einen Kreisbogenmittelpunkt auf den Mittelpunkt des Femurkopfes und liest den Winkel ab, der sich vom Zentrum zum kranialen Azetabulumrand hin bildet. Auch diese Messung ist nur bei einer gut durchgezeichneten Röntgenaufnahme sicher möglich. Diese Winkelmessung wird nun am zweiten Hüftgelenk wiederholt. Da die Winkelwerte am rechten und linken Hüftgelenk durchaus differieren können, gilt für die Beurteilung stets der niedrigere Wert (Abb. 21). Ein Interpolieren beider Werte ist nicht zulässig. Auch für die Endbeurteilung eines Hundes auf Hüftgelenksdysplasie ist es nicht von Bedeutung, daß unter Umständen ein Hüftgelenk ein besseres Bild abgibt als das andere. Das Urteil richtet sich immer nach dem schlechteren Hüftgelenk.

Röntgenaufnahmen

Röntgenaufnahmen für die Beurteilung auf HD werden für alle Hunderassen unabhängig von ihrer Größe nach dem gleichen Modus ausgewertet und beurteilt. Dennoch gibt es nicht unerhebliche rassemäßig bedingte, jedoch anatomisch korrekte Unterschiede im Bilde der Hüftgelenke. Diese Normvarianten müssen dem Untersuchenden bekannt sein, um zu einer einheitlichen Beurteilung der verschiedenen Bilder zu gelangen. Körpergewicht, Gestalt und Wachstumsablauf bestimmen die unterschiedlichen Zeitpunkte für die Röntgenaufnahmen. Für eine Untersuchung auf HD wurde ein Mindestalter von 12 Monaten festgelegt. Da großwüchsige Hunde jedoch zumeist spätreif sind, sollten bei diesen die Röntgenuntersuchungen nicht vor Erreichen eines Alters von 18 Monaten durchgeführt werden. Erst dann nämlich ist die osteologische Entwicklung der Beckenknochen abgeschlossen.

Die Standard-Röntgenaufnahme für die Untersuchung auf Hüftgelenksdysplasie erfolgt im ventrodorsalen Strahlengang, also in Rückenlage des zu untersuchenden Hundes. Die Gliedmaßen sind nach kaudal gestreckt und so nach medial eingedreht, daß die Kniescheiben in der Mitte der Kniegelenke abgebildet werden. Eine korrekte Aufnahme soll die Knochenstrukturen im gesamten Beckengebiet erkennen lassen.

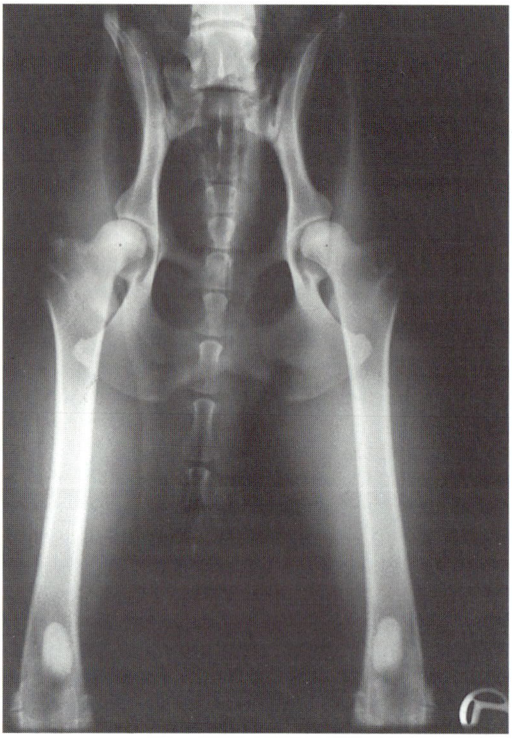

Abb. 22 Irish Setter. Korrekte Lagerung. Das Becken ist mit den Darmbeinschaufeln, die Gliedmaßen sind mit den Kniegelenken abgebildet

Positions- und Filmfehler

Die Beurteilung einer Röntgenaufnahme zur Abklärung der Hüftgelenkssituation ist nicht möglich, wenn die Positionierung des Hundes nicht korrekt erfolgt ist oder wenn der Röntgenfilm technische Mängel aufweist. Von einer großen Zahl von Möglichkeiten seien hier einige aufgezeigt (Abb. 29 – 32).

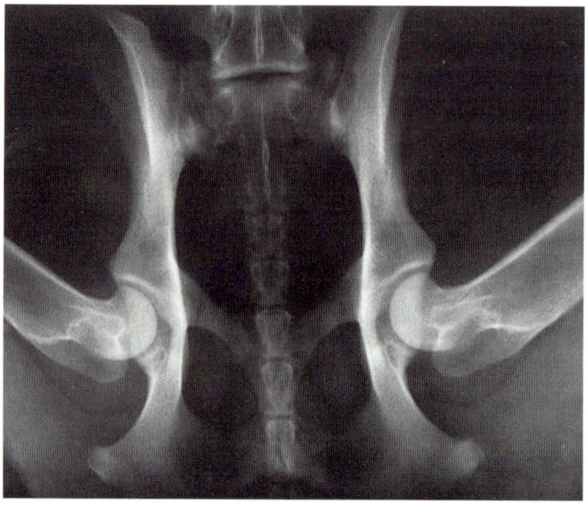

Abb. 23 Deutscher Schäferhund. Für die zweite Lagerungsposition ist das Becken plan gelagert. Die beiden Gliedmaßen werden in einem Winkel von etwa 45° nach kranial gebeugt, die Kniegelenke liegen dabei dem Tisch an

Vorröntgen

Daß ein Vorröntgen im frühen Lebensalter eines Hundes bedenklich ist, wenn nicht die Aufnahme schwere anlagemäßige Veränderungen zeigt, mögen die Aufnahmen (Abb. 33 und 34) belegen.

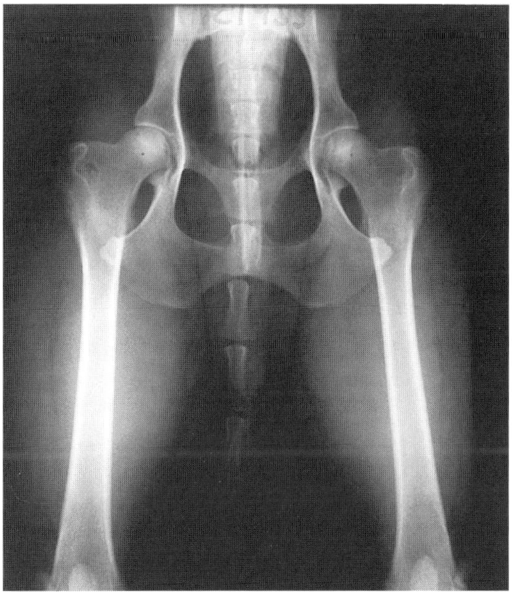

a

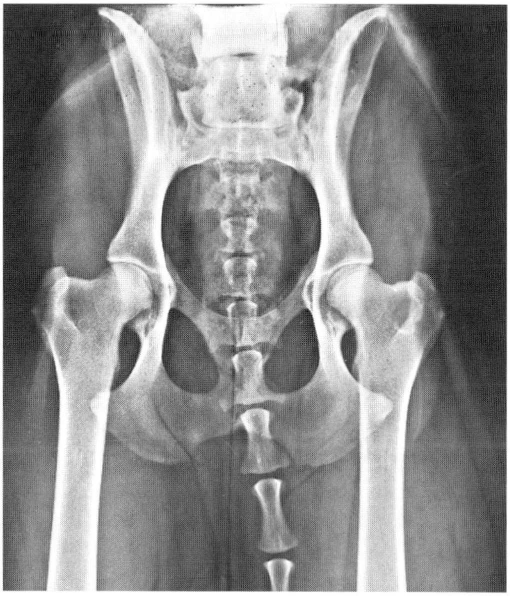

b

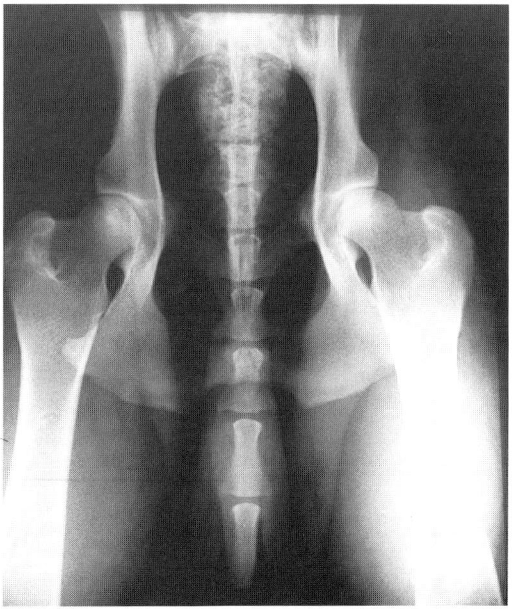

c

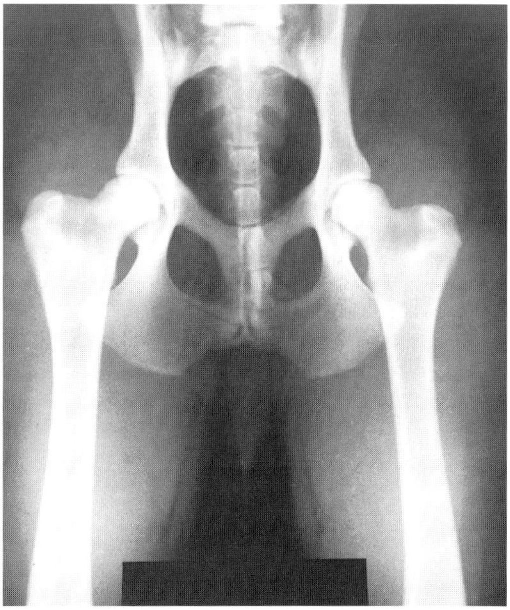

d

Abb. 24 a – d „Normal“, „kein Hinweis für HD“ (A 1 – 2)
a Irish Setter. Gelenke sind kongruent. Keine Divergenz in den Gelenkspalten
b Mastino. Gelenke sind kongruent. Femurhälse kürzer, vordere Pfannenkonturen leicht abgeflacht. (WURSTER, Augsburg)
c Bernhardiner. Gelenke sind fast kongruent, keine Divergenz im Gelenkspalt. Femurhälse kurz, leichte Abflachung im Femurkopf, Pfannenränder stark konturiert. (TELLHELM, Gießen)
d Rottweiler. Gelenke sind kongruent. Ganz geringe Divergenz in den Gelenkspalten. Vordere Pfannenränder deutlich stark konturiert. (NIESSEN, Göttingen)

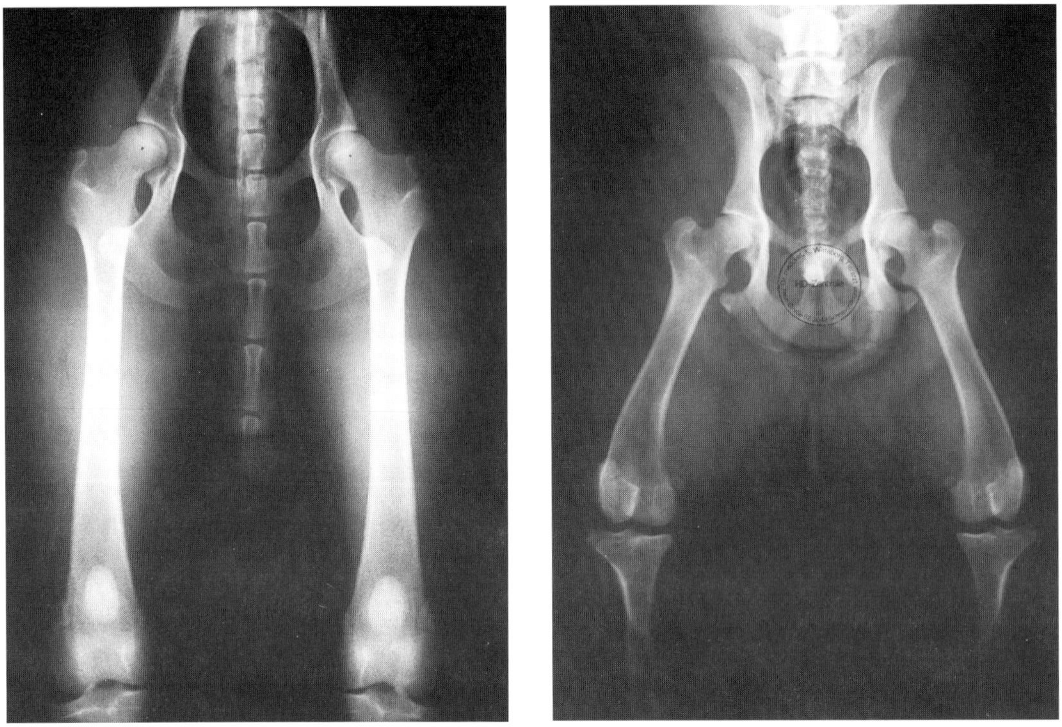

a b

Abb. 25 a und b „Fast normal“, „Übergangsform“, „verdächtig für HD“, (B 1 – 2)

a English Setter. Gelenke sind fast kongruent, die Gelenkspalten divergieren leicht. Die vorderen Pfannenkonturen sind nach außen geringgradig abgeflacht

b English Bulldog. Gelenke sind fast kongruent, die Femurköpfe leicht eckig. Geringe Divergenz in den Gelenkspalten. Die Femurköpfe sind von den Hälsen deutlich abgesetzt. (Witteborg, Schneverdingen)

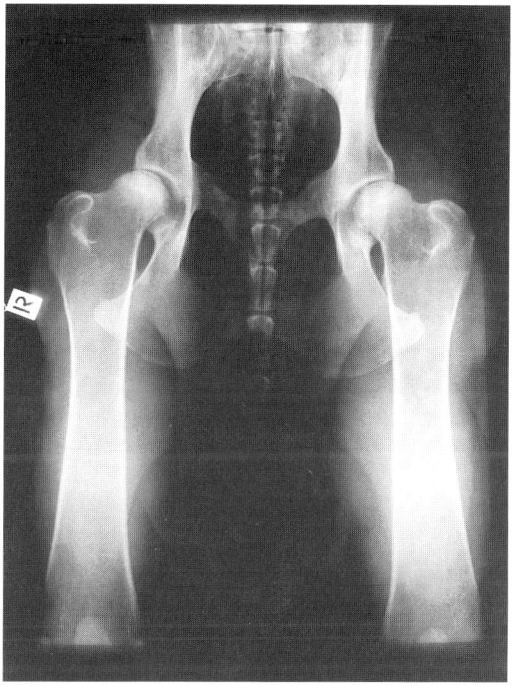

a

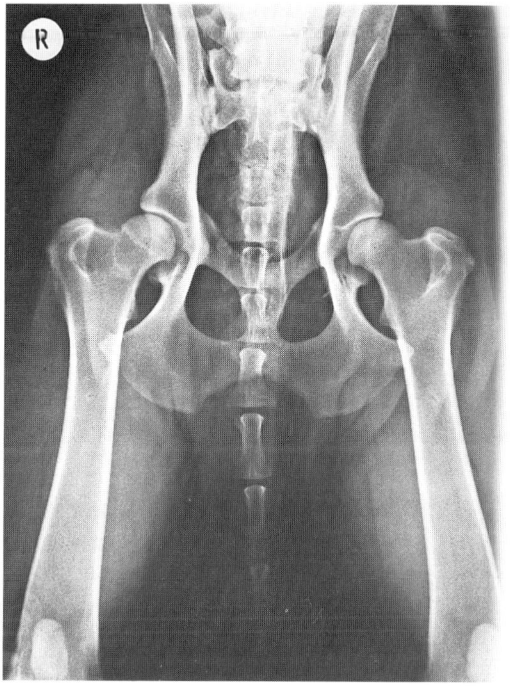

b

Abb. 26 a – c „Leichte HD", (C 1 – 2)

a Bernhardiner. Beide Gelenke zeigen sich inkongruent, die Gelenkspalten divergieren sichtbar. Femurköpfe wie Hälse zeigen leichte Auflagerungen. Am linken Femurhals ist die Linie nach MORGAN gut erkennbar. Der Winkel nach NORBERG beträgt um 95°. (TELLHELM, Gießen)

b Mastino. Beiderseits sind die Gelenke lose. Die vorderen Pfannenkonturen zeigen Abflachungen nach vorn. Die Femurköpfe haben eine leichte pilzförmige Gestalt. An den Femurhälsen sind leichte Auflagerungen erkennbar. Der Norberg-Winkel hat einen Wert von 95°. (WURSTER, Augsburg)

c Boxer. Bei diesem Hund zeigt sich ein Bild, das, nicht einmal selten vorkommend, öfter Anlaß zu Unstimmigkeiten zwischen Tierhalter und zentraler Auswertungsstelle gibt. Beiderseits sind die Gelenkpfannen tief ausgebildet. Bei dem linken Hüftgelenk zeigen sich Pfannenrand und Pfannenkontur nahezu normal. Der rechte vordere Pfannenrand dagegen bietet arthrotische Auflagerungen, die jedoch, betrachtet man den kranialen Azetabulumrand, nicht so erheblich sind wie sie auf den ersten Blick erscheinen. Beide Femurköpfe sind leicht abgeflacht. Am linken Femurhals erkennt man Auflagerungen und deutlich die Linie nach MORGAN. Der Winkel nach NORBERG erbringt einen Wert um 95°. Das hier gegebene Urteil „leichte HD" würde bei der internationalen Bewertung „C 2" lauten. Daß das rechte Hüftgelenk eine bessere Bewertung erhalten könnte, ist für das Gesamturteil ohne jede Bedeutung

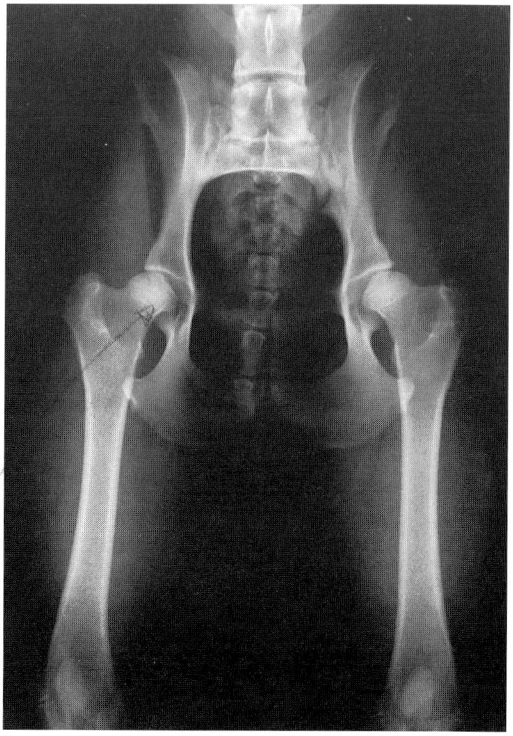

c

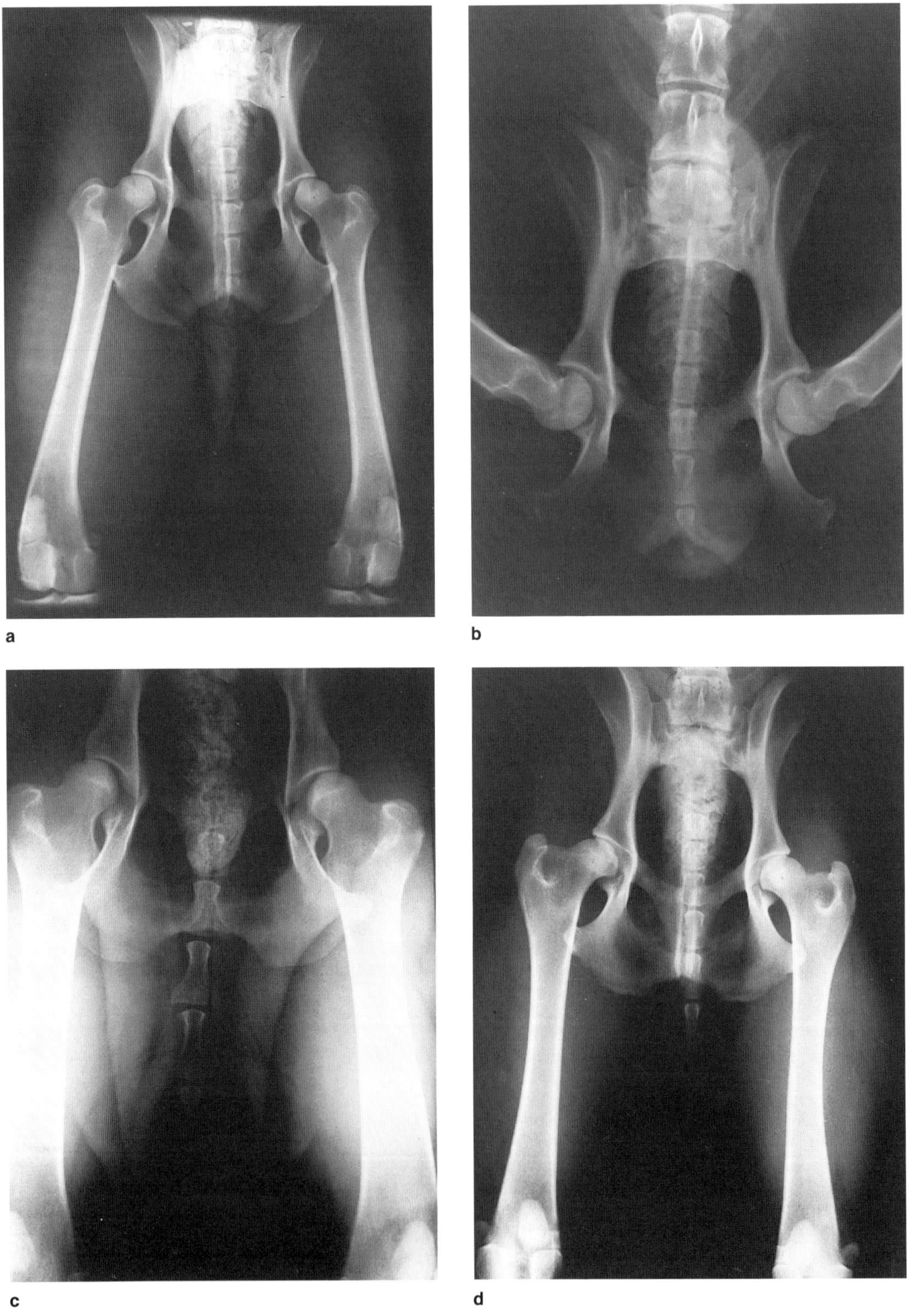

a b

c d

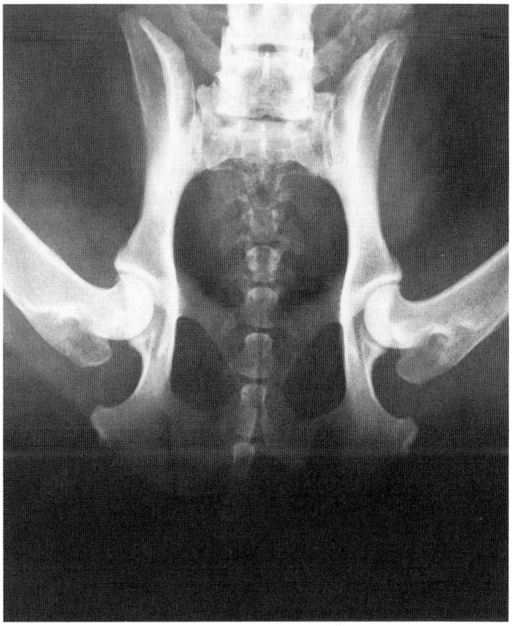

e

Abb. 27 a – e „Mittlere HD“ (D 1 – 2)

a Boxer. Beide Gelenkpfannen sind tief und die vorderen Pfannenränder und -konturen geringgradig verändert. Beide Oberschenkelköpfe haben eine eckige Gestalt. Die Oberschenkelhälse zeigen sich von den Köpfen abgesetzt, weisen jedoch Auflagerungen auf. Die Gelenkspalten divergieren stark, der Winkel nach NORBERG ergibt einen Wert von etwa 95°.
Die beiden Oberschenkel wurden nicht korrekt eingedreht. Die Ursache dafür dürfte darin zu suchen sein, daß hier die Winkelung zwischen Femurschaft und Oberschenkelhals sehr klein ist. Dieser Zustand wird als „Coxa valga“ bezeichnet. Das korrekte Eindrehen der Gliedmaßen wird dadurch mechanisch erheblich erschwert

b Die Aufnahme in der zweiten Ebene bei dem gleichen Hund bestätigt die Beurteilung. Aber auch für diese Lagerung wurden die Gliedmaßen nicht korrekt positioniert

c Bernhardiner. Beide Gelenkpfannen sind tief angelegt. Sowohl die vorderen Pfannenränder als auch die vorderen Pfannenkonturen zeigen sich normal. Der rechte Femurkopf erscheint zu klein entwickelt. Der Femurhals bietet das Bild einer „Coxa valga“. Am linken Femurkopf lassen sich Auflagerungen erkennen. Beide Gelenkspalten divergieren sehr stark. Die Hüftgelenke sind somit sehr lose. Der Winkel nach NORBERG erreicht einen Wert von 93°. (TELLHELM, Gießen)

d Boxer. Bei dieser Hüfte ist die linke Gelenkpfanne normal ausgebildet. Vorderer Pfannenrand und vordere Pfannenkontur zeigen keine Abweichungen vom Normalen. Der Femurkopf hat eine runde Gelenkfläche, und der Femurhals ist vom Kopf gut abgesetzt. Auffallend ist jedoch eine deutliche Divergenz zwischen Kopf und Pfanne. Anders zeigt sich das rechte Hüftgelenk. Hier ist die Gelenkpfanne leicht abgeflacht. Der vordere Pfannenrand hat Auflagerungen, und die vordere Pfannenkontur zeigt sich nach vorn abgeflacht. Der Oberschenkelkopf ist lateral geringförmig abgeflacht. Der Oberschenkelhals hat eine walzenförmige Gestalt und ist verkürzt. Deutlich ausgebildet und erkennbar sind die Morgan-Linie und gratige Auflagerungen. Die Divergenz im Gelenk ist erheblich

e Die Röntgenaufnahme in der zweiten Position bestätigt zwar die Veränderungen, schwächt sie aber in der Schwere der Beurteilung etwas ab. Diese Hüftgelenke sind ein Beispiel dafür, daß es durchaus vorkommen kann, daß die beiden Seiten sehr unterschiedlich ausgebildet sind. Für die Beurteilung des Grades der HD ist dies jedoch ohne Bedeutung. In diesem Falle gibt das rechte, also das schlechtere Gelenk, das Maß für die Bewertung. Anders steht es mit der Bewertung einer Belastbarkeit eines derartigen Hundes. Hier, und nur für diesen Zweck, kann ein „Interpolieren“, ein Ausgleich von gut und schlecht, anzuwenden sein. Die HD-Bewertung ließe dies nicht zu, handelt es sich doch dabei um die Beurteilung der Erbanlage und nicht der Gebrauchsfähigkeit des untersuchten Tieres

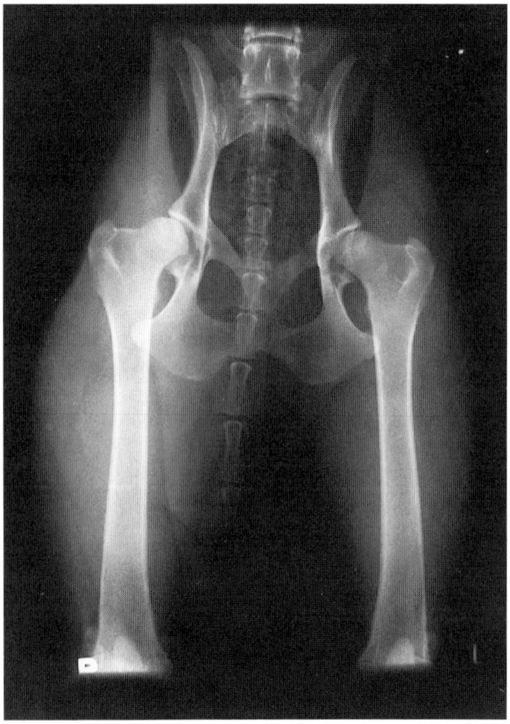

a

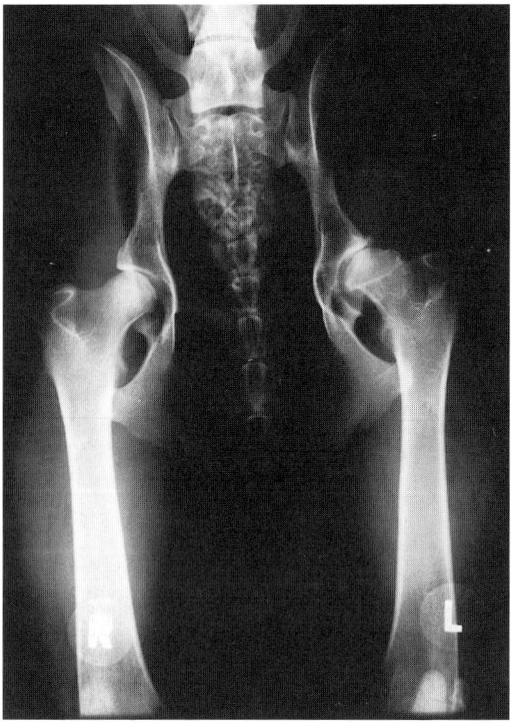

b

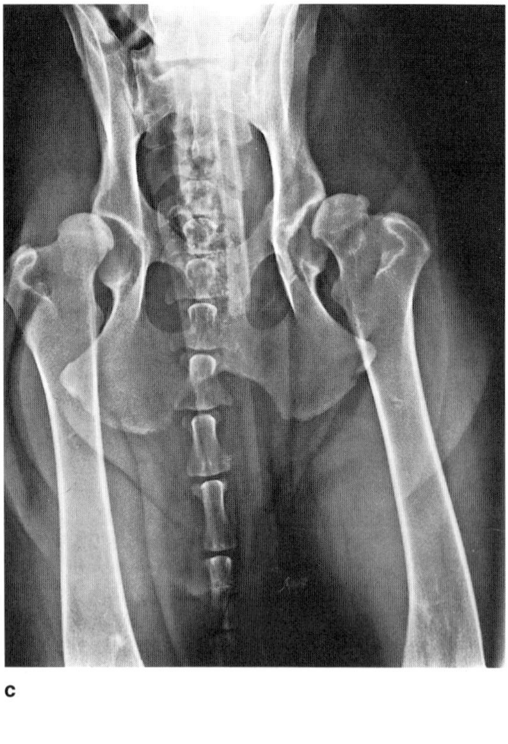

c

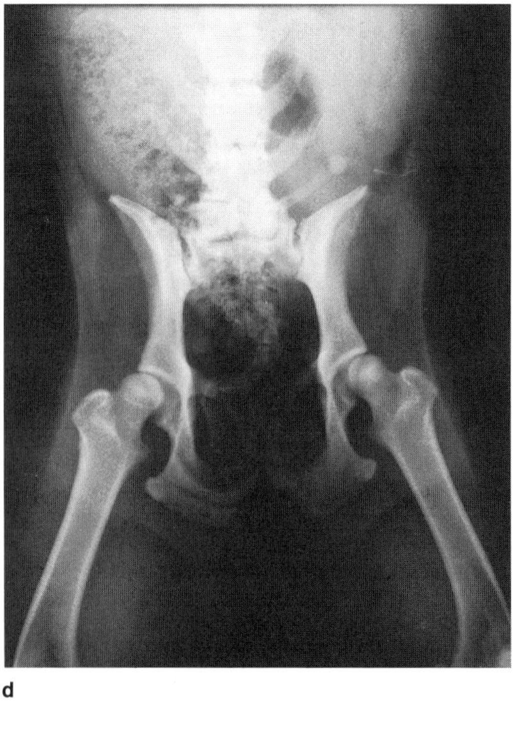

d

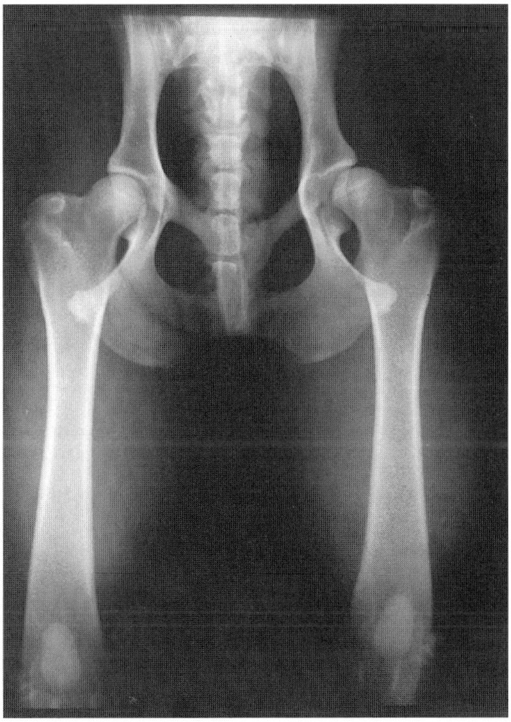
e

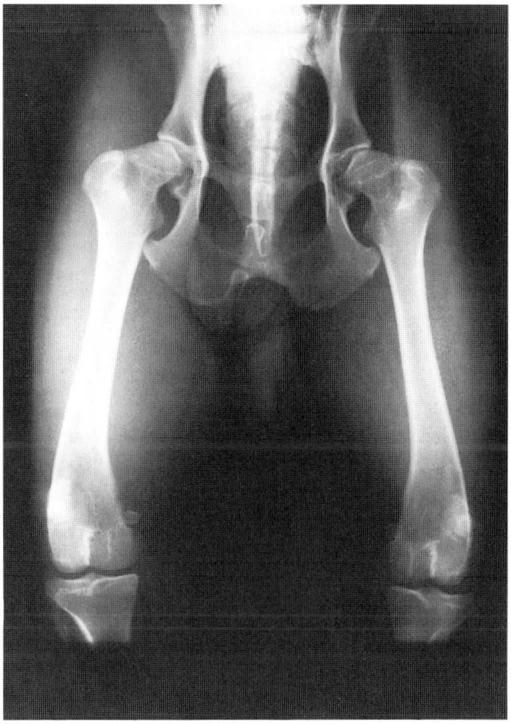
f

Abb. 28 a – f „Schwere HD" (E 1 – 2)

a Kuvasz. Deutlich erkennbar ist die starke Inkongruenz beider Hüftgelenke. Beide vorderen Pfannenkonturen sind nach vorne abgeflacht. Die beiden Femurköpfe zeigen Abflachungen und sind subluxiert. An beiden Femurhälsen sind die Morgan-Linien deutlich ausgeprägt. Die Gelenkspalten divergieren auf beiden Seiten stark. Beide Hüftgelenke sind daher sehr lose

b Deutscher Schäferhund. Die linke Gelenkpfanne ist flach angelegt, der vordere Pfannenrand zeigt osteoarthrotische Auflagerungen. Starke Inkongruenz beider Hüftgelenke. Der linke Femurkopf hat pilzförmige Gestalt mit Auflagerungen. Der Femurhals ist erheblich verkürzt. Der rechte Femurkopf bietet sich abgeflacht bei walzenförmigem Oberschenkelhals. Der Winkel nach NORBERG beträgt 90°.

c Mastino. Die Hüftgelenke sind beiderseits luxiert. Das linke Azetabulum ist flach, der Femurkopf pilzförmig mit erheblichen Auflagerungen. Der Femurhals ist verkürzt. Der rechte Femurkopf bietet kragenförmige arthrotische Auflagerungen. (WURSTER, Augsburg)

d English Bulldog. Beide Pfannen zeigen sich flach ausgebildet, die Hüftgelenke sehr lose. Osteoarthrotische Auflagerungen an beiden Femurköpfen und -hälsen. Der Norberg-Winkel beträgt unter 90°. (WITTEBORG, Schneverdingen)

e Rottweiler. Das rechte Hüftgelenk ist nur geringgradig verändert. Es zeigen sich leichte arthrotische Auflagerungen an Femurkopf und -hals. Der Gelenkschluß ist relativ gut. Die linke Gelenkpfanne dagegen ist flach ausgebildet. Der kraniale Pfannenrand ist unscharf, die vordere Pfannenkontur stark nach außen abgeflacht. Der Femurkopf hat Auflagerungen, die Linie nach MORGAN zeigt sich sehr deutlich. Das Gelenk ist luxiert. Hier beträgt der Winkel nach NORBERG unter 90°. Für die Beurteilung ist es bei diesem Hund unwichtig, daß das rechte Hüftgelenk das Urteil „Fast normal" erhalten könnte. Bei der Beratung des Tierbesitzers muß auf die drohende Gefahr einer spontanen Ausrenkung des linken Hüftgelenks beim Sprung, plötzlicher Richtungsänderung oder der Gebrauchshundearbeit dringend hingewiesen werden. (NIESSEN, Göttingen)

f Deutscher Schäferhund. Beide Gelenkpfannen waren ursprünglich tief angelegt. Durch die ernormen Veränderungen beider Femurköpfe und die dadurch bedingte Inkongruenz bildeten sich osteoarthrotische Auflagerungen, die die Pfannen ausgefüllt haben. Die kurzen Oberschenkelhälse zeigen sehr starke Anlagerungen. Der Winkel nach NORBERG liegt unter 90°. Hunde mit derartigen Hüftgelenken sind sehr gefährdet, da unter Umständen im Gangwerk nichts auf die Schwere des Schadens hinweist. Einen Hinweis bietet nur eine deutliche Vorsicht des Tieres beim Aufstehen und Ablegen und die sich daraus ergebende sichtbare Verzögerung

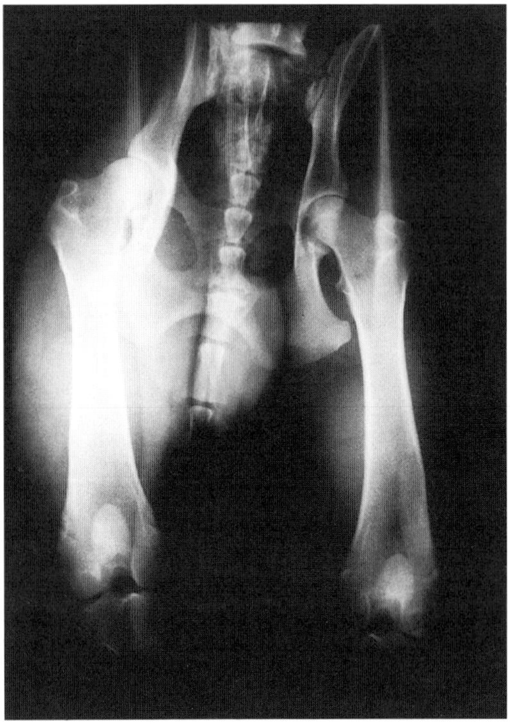

29

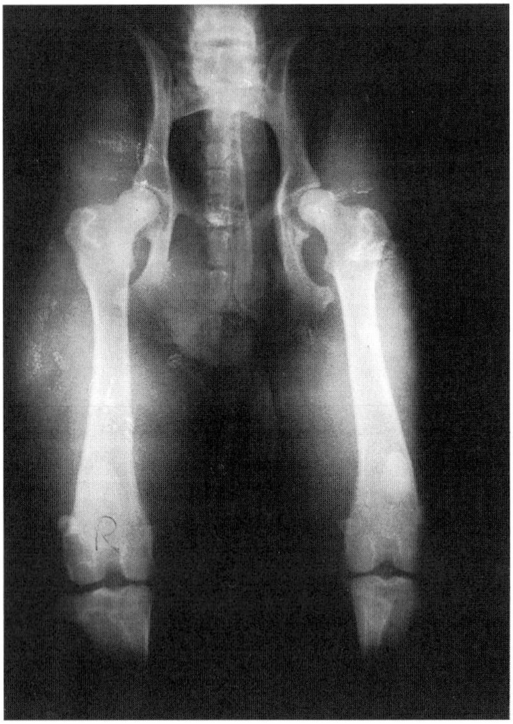

30

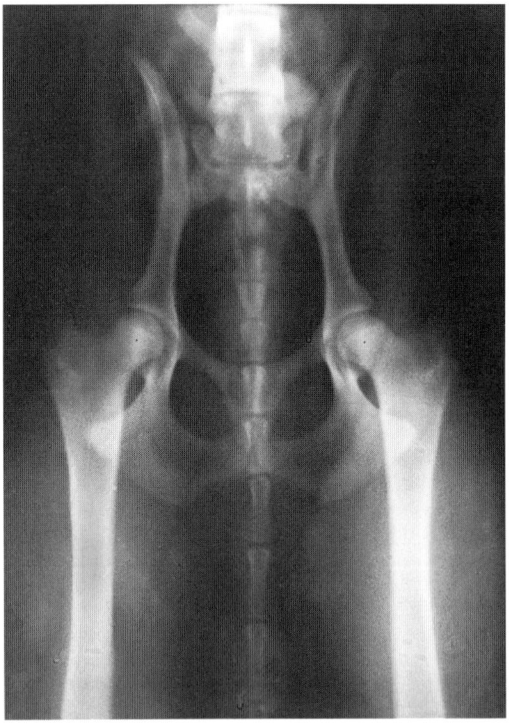

31

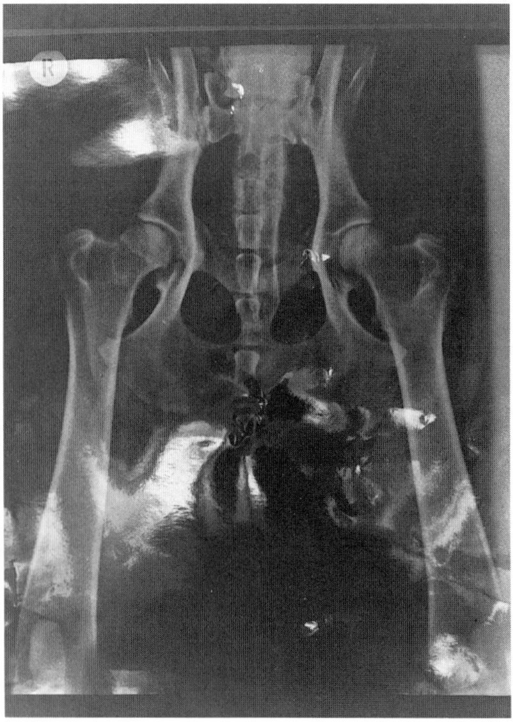

32

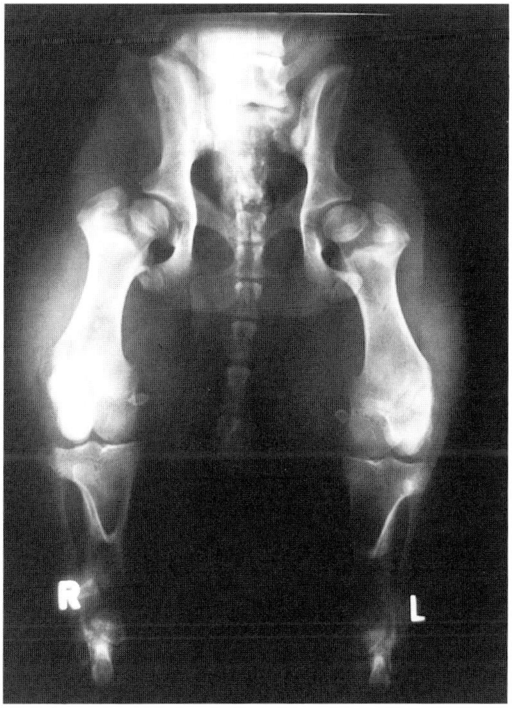

33

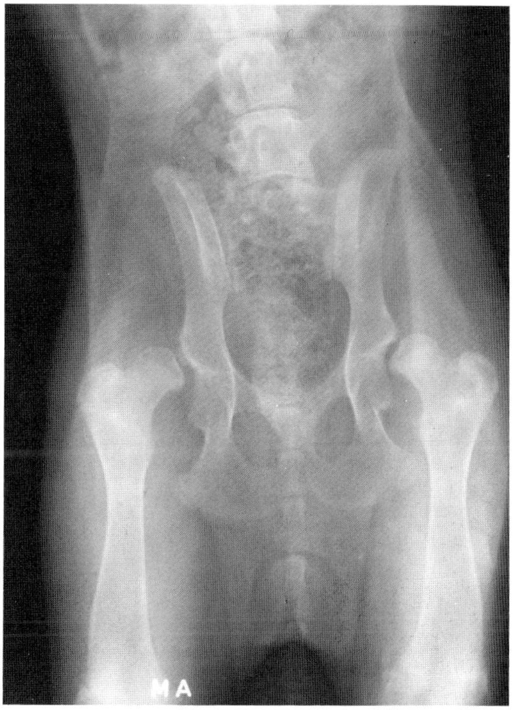

34

Abb. 29 Deutscher Schäferhund. Das Becken ist nicht symmetrisch abgebildet und dadurch ist die Streckung der Gliedmaßen nach kaudal und deren Eindrehung nicht befriedigend. Das rechte Hüftgelenk kann durch eine Unterbelichtung (zu hell) nicht beurteilt werden. Röntgenbilder dieser Art müssen wiederholt werden

Abb. 30 Boxer. Diese Röntgenaufnahme ist unscharf und ohne Kontrast. Eine Beurteilung der Hüftgelenke ist kaum möglich und in dem vorliegenden Falle nur vertretbar, da die Situation eine Zuchtzulassung ausschließen würde. Erschwerend kommt noch die Fleckigkeit des Films hinzu, die auf eine unsaubere Dunkelkammerarbeit hinweist. Da weiter das Becken unsymmetrisch gelagert wurde, sollte die Aufnahme in jedem Falle wiederholt werden

Abb. 31 Irish Setter. Unschärfe und mangelnder Kontrast beherrschen diese Aufnahme. Entwickler- und Wasserflecken beweisen zusammen mit dem tiefreichenden Kratzer die mangelnde Sorgfalt bei der Erstellung der Röntgenaufnahme. Da bei einer relativ guten Hüftgelenkssituation eine exakte Beurteilung so nicht möglich ist, muß ein derartiger Film mit der Aufforderung zur Erstellung einer neuen Aufnahme zurückgeschickt werden

Abb. 32 Gordon Setter. Überbelichtete Röntgenaufnahme mit partieller Ablösung der Filmschicht durch überlanges Wässern in unsauberem Wasser

Abb. 33 Bassethound, 5 Monate alt. Es kommen hier mehrere Fakten zusammen, die die Beurteilung erschweren. Der Epiphysenschluß ist noch nicht erfolgt. Die Fugen könnten so als osteoarthrotische Veränderungen fehlinterpretiert werden. Daß die Gelenke sehr lose erscheinen, muß nicht ein Dauerzustand bleiben. Auch die Femurhälse können noch an Länge zunehmen. Was aber hier eine wirkliche Auswertung so erschwert ist der Umstand, daß die osteologischen Verhältnisse bei vielen Bassethounds, wie auch bei diesem, durch zuchtmäßige Fehlentwicklungen nicht als normal betrachtet werden können. Hier sollte man daher kein Urteil abgeben

Abb. 34 Deutscher Schäferhund, 9 Monate alt. In diesem Falle liegen die Verhältnisse völlig anders. Die schweren dysplastischen Anomalien lassen ganz klar erkennen, daß bei diesem Welpen weder eine Zuchttauglichkeit, noch eine Möglichkeit eines Einsatzes als Gebrauchshund zu erwarten ist. Hier kann auf Grund dieser Röntgenaufnahme dem Tierhalter eine klare Anweisung für die Haltung dieses Tieres gegeben werden

5 Allgemeine Prognose

K. Loeffler

Die Prognose, d. h. die Voraussicht auf den Krankheitsverlauf, ist abhängig von dem Grad der HD, von dem Alter und der Größe des Hundes sowie von seiner Bewegungsintensität. Als Gelenkfehlbildung kann die HD in hochgradigen Fällen so ausgeprägt sein, daß eine funktionsgerechte Bewegung unmöglich ist. Solche Tiere gehen schon als Jungtiere, meist im Alter von 6 oder 7 Monaten, deutlich lahm oder können überhaupt nicht mehr laufen. Der überwiegende Teil der Fälle wird klinisch aber erst später erkannt, wenn sich aufgrund der Gelenkfehlbildung degenerative Gelenkveränderungen, sogenannte arthrotische Veränderungen (Coxarthrosen), ausbilden.

Prognose für die Gesundheit des Hundes

Hunde mit leichter HD, die nicht stark beansprucht werden, müssen überhaupt nicht erkennbar erkranken. Da die Tiere auf chronische Schmerzen oft sehr wenig reagieren, können auch Hunde mit mittlerer HD unerkannt bleiben, wenn nicht ein Trauma, z. B. Gelenkzerrung beim Sprung oder eine akute Überbeanspruchung (sehr weite Wanderung), die Lahmheit auslöst.

Hunde mit leichter bis mittlerer HD können also ohne weiteres als Hobbytiere abgegeben bzw. gehalten werden. Insofern ist die Prognose bei leichter und mittlerer HD günstig. Allerdings muß der Käufer auf den HD-Befund hingewiesen werden.

Bei schwerer HD muß auch bei der Haltung als Hobbytier über kurz oder lang mit dem Auftreten von Lahmheit gerechnet werden, die eine Behandlung erforderlich macht. Die Prognose ist ungünstig, in vielen Fällen sogar infaust, d. h. die Behandlung verspricht keinen Erfolg.

Als Gebrauchshunde sollen nur Hunde mit gesunden Hüftgelenken, also ohne Hinweis auf HD, verwendet werden, da auch bei leichter HD mit dem Auftreten und dem raschen Fortschreiten der Arthrose gerechnet werden muß, wenn die Tiere körperlich beansprucht werden, insbesondere wenn Sprungleistungen oder Laufen über lange Strecken verlangt werden. Unter diesen Bedingungen wurde auch schon bei Hunden mit Übergangsform die Entstehung von Arthrosen beobachtet (Loeffler und Niedermeyer, 1980; Niedermeyer, 1984).

Die Prognose für Hunde mit HD richtet sich im übrigen nicht nur danach, ob sich eine Arthrose entwickelt und welche Beeinträchtigung diese für das Tier darstellt, sondern auch danach, daß in arthrotische Gelenke Entzündungserreger aus anderen Entzündungsherden im Organismus, z. B. aus der Gebärmutter bei der nicht seltenen Gebärmutterentzündung (Pyometra) der Hündin, auf dem Blutweg verschleppt werden können. Die Folge ist dann eine Gelenkentzündung (Arthritis) mit Gelenkdestruktion. Solche Tiere müssen eingeschläfert werden.

Prognose für die Zuchtverwendung des Hundes

Ungünstig ist auch die Prognose für HD-behaftetete Tiere als Zuchttier. Zwar hängt es jeweils von der speziellen Situation in dem Zuchtverband ab, ob mit HD-behafteten Tieren noch gezüchtet werden darf, und wenn, mit welchem Grad der HD. Grundsätzlich sollten aber nur Hunde mit den Befunden „Kein Hinweis für HD“ und eventuell „Übergangsform“ zur Zucht verwendet werden. Nach § 11 b des Tierschutzgesetzes vom 18. 8. 1986 ist es „verboten, Wirbeltiere zu züchten, wenn der Züchter damit rechnen muß, daß bei der Nachzucht aufgrund vererbter Merkmale Körperteile oder Organe für den artgemäßen Gebrauch fehlen oder untauglich oder umgestaltet sind und hierdurch Schmerzen, Leiden oder Schäden auftreten“. Diese Vorschrift ist auch die Grundlage dafür, daß der Verband für das Deutsche Hundewesen e.V. (VDH) seinen Mitgliedsvereinen zur Pflicht gemacht hat, Verfahren zur HD-Bekämpfung einzurichten, wenn damit gerechnet werden muß, daß dieses Leiden bei der betreffenden Rasse vorkommt.

6 Therapie

M. Schneider-Haiss

Da es sich bei höheren Graden der HD um eine unheilbare, degenerative Erkrankung handelt, ist die eigentliche Wiederherstellung der Hüftgelenke nicht möglich. Die verschiedenen Behandlungsmethoden haben die Linderung der klinischen Symptome und die Erhaltung bzw. Wiedererlangung der Gelenkfunktion zum Ziel. Die Entscheidung, ob und wenn ja, welche Behandlung durchgeführt wird, hängt vom Schweregrad der Krankheitsanzeichen, dem röntgenologischen Befund, dem Alter sowie der Größe des Tieres und nicht zuletzt auch von der Kostenfrage ab.

Konservative Methoden

Unter den konservativen Methoden zur Behandlung der HD kommt dem Einsatz von Medikamenten bei weitem die größte Bedeutung zu. Diätetische Maßnahmen, kontrollierte Bewegung und die Anwendung physikalischer Therapien haben eher begleitende und unterstützende Funktion.

Die medikamentösen Behandlungsmöglichkeiten der HD entsprechen im wesentlichen den Grundsätzen der Arthrosetherapie, nämlich der Entzündungshemmung, Schmerzlinderung und Erhaltung des Gelenkknorpels. Die Wirkung dieser Medikamente beschränkt sich jedoch nur auf die Dauer ihrer Gabe. Besonders beim Einsatz entzündungshemmender Präparate (Salizylate, Butazonderivate u. a.) sollte für die Dauertherapie eine möglichst niedrige Erhaltungsdosis gesucht werden, um eventuelle Nebenwirkungen gering zu halten. Wenn, so treten meist Probleme mit der Magen-Darmverträglichkeit dieser Arzneimittel auf, da sie zu Schädigungen der Schleimhäute des Verdauungstraktes führen können. Veränderungen im Blutbild und Knochenmark sind weniger häufig. Kortisoninjektionen ins Hüftgelenk sind technisch schwierig, besonders wenn die Gelenkkapsel verdickt und mit Knochengewebe (Osteophyten) durchsetzt ist. Zusätzlich bringen sie ein relativ großes Infektionsrisiko mit sich.

Der schmerzlindernde Effekt der genannten Medikamente birgt die Gefahr einer zu großen Bewegungsaktivität des Patienten, was das Fortschreiten der degenerativen Gelenksveränderungen begünstigen kann. Hohe Belastungen sollten daher vermieden werden.

Dennoch kann mit diesen Präparaten, besonders älteren Tieren und solchen, bei denen ein chrirurgischer Eingriff nicht durchgeführt werden kann oder soll, oft auch langfristig geholfen werden. In sehr hochgradigen Fällen allerdings ist die Linderung der Symptome häufig unzureichend.

Die ungünstige Biomechanik eines dysplastischen Hüftgelenkes führt zu verstärkten Druckbelastungen und zum Verschleiß des Gelenkknorpels in bestimmten Gelenkbereichen. Durch die Verabreichung von molekularen Knorpelbausteinen (Mukopolysaccharide und Glukosaminsulfate) sollen dem Körper verbesserte Möglichkeiten zur Regeneration geschädigter Knorpelzonen gegeben werden. Leider ist die Resorption dieser Substanzen aus dem Magen-Darmtrakt schlecht, weshalb sie vorzugsweise über Injektionen möglichst ins Gelenk zugeführt werden sollten. Die Wirkung dieser Präparate ist umstritten.

Die Verwendung muskelaufbauender Präparate (Anabolika) vermag eine funktionelle Verbesserung bei der HD zu erzielen. Dies läßt sich zum einen mit der vermehrten Gelenkstabilität durch Muskelzuwachs und zum anderen durch die Anreicherung von Mukopolysacchariden im Gelenkknorpel erklären. Vor dem Einsatz solcher Medikamente beim Junghund (unter einem Jahr) ist jedoch zu warnen, da sie einen vorzeitigen Schluß der Wachstumsfugen (Epiphysenfugen) und damit ein vermindertes Längenwachstum der Knochen verursachen können. Die Anwendung von Anabolika vor der offiziellen HD-Befundung muß als Betrug gewertet werden.

Zur Unterstützung der medikamentösen Therapie besteht die Möglichkeit der Wärmebehandlung durch wiederholten Einsatz von Mikrowellenbestrahlungen oder die Verwendung anderer Wärmequellen. Außerdem sollte verhindert werden, daß an HD leidende Hunde lange auf kalten und feuchten Böden liegen.

Eine weitere wichtige unterstützende Maßnahme ist die Kontrolle der Bewegungsaktivität durch das Führen an der Leine. Amerikanische Autoren erwähnen die Möglichkeit einer extremen Bewegungseinschränkung der von HD betroffenen Junghunde, wobei diese zum häufigen Sitzen gezwungen werden, so lange, bis die Hüftgelenke gefestigt sind (LAWSON, 1971; RISER, 1974). Dies hat dann zwar einen dem Spreizhöschen in der Kinderheilkunde ähnlichen Effekt, ist aber wegen des ungünstigen Einflusses auf die allgemeine Entwicklung des Hundes abzulehnen.

Besondere Beachtung gilt dem Körpergewicht der Hunde, deren Bewegungsaktivität reduziert ist. Sie neigen bei normaler Fütterung zur Fettleibigkeit, was die mechanische Beanspruchung der dysplastischen Hüftgelenke unnötig steigert und das Fortschreiten der degenerativen Gelenkveränderungen begünstigt. Auf eine bedarfsgerechte Futterration ist daher sehr zu achten, und übergewichtige Tiere sollten durch den Einsatz von Reduktionsdiäten abgespeckt werden.

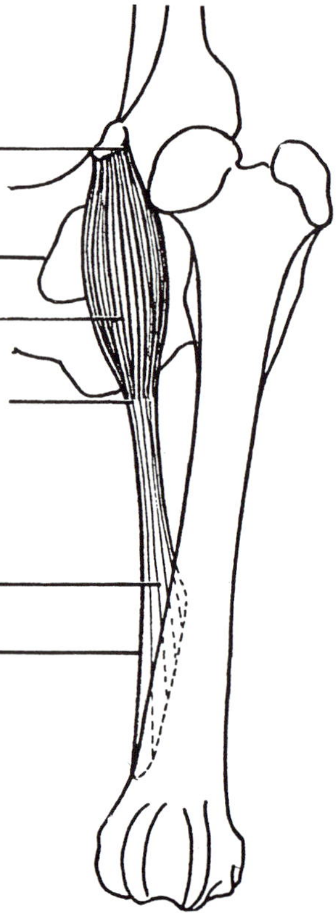

Abb. 35 Durchtrennung bzw. Entfernung des Musculus pectineus (nach U. GIGER, Die Behandlung der Hüftgelenksdysplasie beim Hund und die Gelatine-Kappen-Arthroplastik, Diss. Vet. med., 1979). Der dargestellte Muskel wird entweder in seiner Endsehne (**a**) durchtrennt, oder es wird ein Teil des Muskelbauches (**b**) entfernt

Chirurgische Methoden

Wenn beim jungen Hund bereits höhergradige Dysplasien erkannt werden, besonders beim gleichzeitigen Bestehen deutlicher klinischer Symptome, ist es sinnvoll, durch einen geeigneten operativen Eingriff die Situation dauerhaft zu verbessern. Dies gilt auch für ältere Tiere mit sekundären Hüftgelenksarthrosen, bei denen eine medikamentöse Therapie zu keinem befriedigenden Ergebnis führte. Bevor jedoch ein chirurgischer Eingriff wegen der Lahmheitserscheinungen durchgeführt werden soll, muß diagnostisch eindeutig sichergestellt sein, daß es sich dabei um eine Hüftgelenkslahmheit handelt. Denn häufig sind auch röntgenologisch hochgradig veränderte Hüftgelenke nicht mit ebenso hochgradigen klinischen Symptomen korreliert.

Durchtrennung bzw. Entfernung des Musculus pectineus (Abb. 35)

Zum besseren Verständnis dieses Eingriffes bedarf es vorab einiger anatomischer Erläuterungen. Der spindelförmige M. pectineus setzt mit seiner kurzen Ursprungssehne am vorderen Rand des Schambeines am Becken an und zieht, in eine lange Endsehne auslaufend, zur Innenfläche des unteren Endes des Oberschenkelschaftes. Seine Funktion ist das seitliche Heranführen der Gliedmaße an den Körper. Gleichzeitig bewirkt er einen gewissen Zug an der Gliedmaße nach oben, was bei einem dysplastischen Gelenk den Druck auf den oberen Pfannenrand und die Zugkräfte an der Gelenkkapsel verstärkt, besonders dann, wenn es durch die Gelenkschmerzen zu Verkrampfungen in der Muskulatur kommt. Die chirurgische Durchtrennung – besser noch die teilweise Entfernung – des M. pectineus führt häufig zu einer Besserung der Lahmheitserscheinungen. Bowen et al. (1972) und Cardinet et al. (1974) jedoch zeigten, daß es nicht möglich ist, hierdurch das Fortschreiten der degenerativen Gelenkveränderungen aufzuhalten.

Die Operation ist relativ einfach und kostengünstig durchführbar und zeigt bei der Nachbehandlung selten Probleme. Zu frühe Bewegung führt gelegentlich zu Sekretansammlungen (Seromen) in den Wundhöhlen, die später resorbiert werden. Im Gegensatz zu den anderen Operationsmethoden kann die Pektineusresektion ohne weiteres an einem Termin beidseitig ausgeführt werden. Der Gang der operierten Hunde ist meist etwas breitbeiniger, mit dem Vorteil, daß nun vorher wenig belastete Gelenkanteile beansprucht werden können. Die Erfolgsergebnisse der einzelnen Autoren (Bardens und Hardwick, 1968; Belfield, 1971; Vaughan et al., 1975) liegen zwischen 35 % und 100 %. Besonders die Dauer der Schmerzlinderung ist individuell sehr unterschiedlich. Der prophylaktische Einsatz der Pektineusresektion ist fragwürdig, da das Fortschreiten der Arthrose davon unbeeinflußt bleibt.

Pfannendachplastik nach Sertl

Bei dieser Operation geht man von der Überlegung aus, daß durch die Implantation eines resorbierbaren Kunststoffes dorso-kranial des Pfannendaches dort Knochenwachstum induziert wird, welches das Pfannendach vergrößert und dadurch dem Oberschenkelkopf mehr Halt bietet. Die ersten Ergebnisse dieser neuen Operationsmethode scheinen ermutigend (Küpper et al., 1989). Es bleibt jedoch abzuwarten, wie sich die Erfolgsbilanz nach größeren postoperativen Zeiträumen und mehrjährigem Einsatz dieser Methode entwickelt.

Korrekturosteotomien

Die beiden nachfolgend beschriebenen Operationstechniken haben eine Verbesserung der Biomechanik des dysplastischen Hüftgelenkes zum Ziel. Ein instabiler Sitz des Oberschenkelkopfes in der Pfanne (Subluxation) führt zur verstärkten Abnutzung bestimmter Gelenkbereiche und einem erhöhten Arthroserisiko. Wenn man rechtzeitig, nämlich vor dem Bestehen arthrotischer Veränderungen, operativ eine bessere Kongruenz, also größere Kontaktflächen im Gelenk, erzeugen kann, ist die Wahrscheinlichkeit der Entwicklung einer Arthrose wesentlich geringer. Die gleichzeitig gewonnene Stabilität im Hüftgelenk vermindert die Zugkräfte an der Gelenkkapsel sowie die Anspannung der das Gelenk umgebenden Muskulatur, was zu einer erheblichen Verbesserung der Schmerzsituation führt.

Dreifache Beckenosteotomie (Abb. 36 a – c)

Bei dieser aufwendigen Operation wird die Hüftgelenkpfanne nach der Durchtrennung ihrer Verbindungen zum Darmbein, Sitzbein und Schambein mobilisiert und mit einer horizontalen Schwenkung längs zur Körperachse über den Oberschenkelkopf gestülpt. Je nach gewählter Operationstechnik wird die Pfanne mit einer Schraube und Drahtschlinge (Schrader, 1981) oder einer hierfür speziell gebogenen Edelstahlplatte (David, 1987) am Becken befestigt, wobei darauf zu achten ist, daß der Oberschenkelhals nicht am Pfannenrand reiben kann.

Die Methode wird für junge Hunde großer Rassen ab dem fünften Lebensmonat empfohlen, solange noch keine oder nur geringe arthrotische Veränderungen vorliegen.

Die Erfolgsaussichten sind nach den bisher veröffentlichten Ergebnissen (David, 1987; Schrader, 1986; Slocum und Devine, 1987) als gut anzusehen. Allerdings ist die Operation wegen der recht umfangreichen Weichteilbeanspruchung auch mit Risiken behaftet. So kann es zu Schädigungen der umliegenden Nerven und zur Einengung des Beckendurchmessers mit Beschwerden beim Kotabsatz kommen.

Weitere mögliche Komplikationen sind Implantatausbrüche bei zu früher Belastung durch den Patienten. Die wichtigste postoperative Maßnahme ist die Einschränkung der Bewegungsaktivität während der ersten sechs Wochen.

Intertrochantäre Varisationsosteotomie (Abb. 37 a und b und 38 a – c)

Hunde mit dysplastischen Hüftgelenken haben meist eine Steilstellung der Oberschenkelhälse, d. h. der Winkel zwischen Oberschenkelschaft und -hals ist zu stumpf. Gleichzeitig ist der Oberschenkelhals in Relation zur Längsachse des

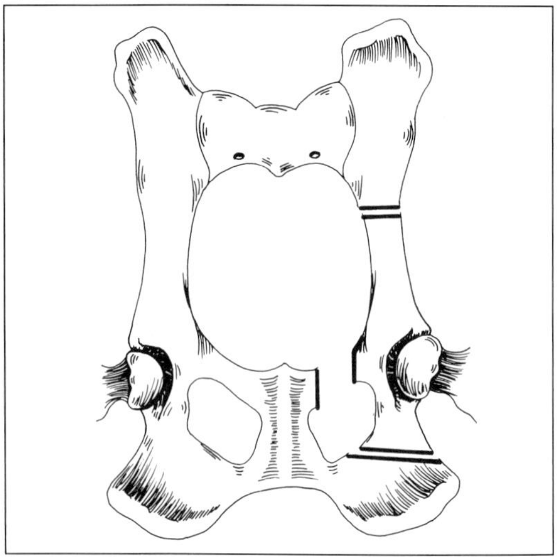

a

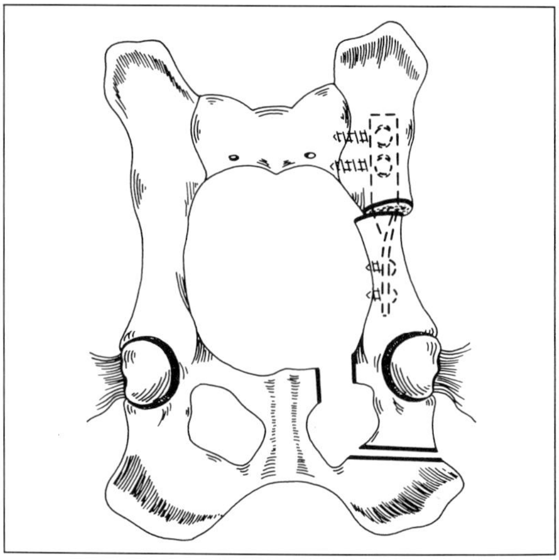

c

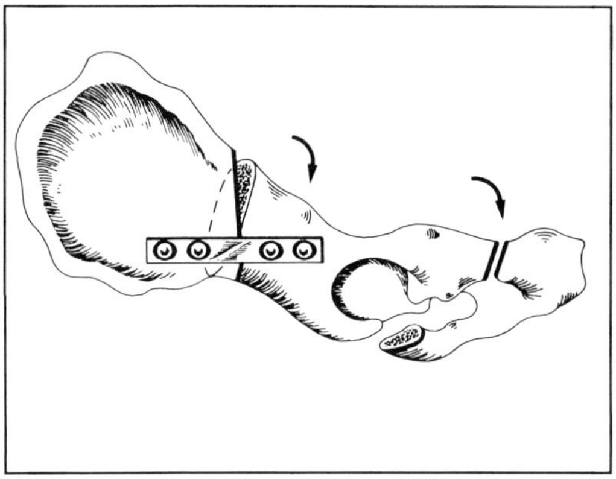

b

Abb. 36 a – c Dreifache Beckenosteotomie mit Pfannendachschwenkung (nach H. David, Dreifache Beckenosteotomie mit Pfannendachschwenkung, Prakt. Tierarzt, 1986)

a Ansicht des Beckens von ventral vor der Pfannendachschwenkung. Die Osteotomien sind bereits gekennzeichnet

b Ansicht des Beckens von lateral. Die Pfannendachschwenkung ist in Pfeilrichtung durchgeführt. Eine speziell gebogene Edelstahlplatte fixiert die mobilisierte Pfanne in der neuen Position

c Hier die postoperative Situation von ventral betrachtet. Verglichen mit Abb. 36 a ist die Überdekkung des Oberschenkelkopfes deutlich verbessert

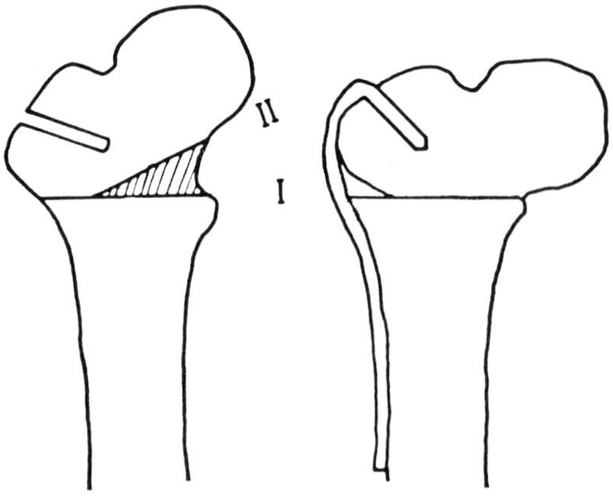

a b

Abb. 37 a und b Intertrochentäre Varisationsosteotomie (nach W. D. Prieur, Intertrochanteric osteotomy in the dog, J.Small Anim.Pract. 1987)

a Die beiden Osteotomielinien I und II umschreiben den zu entfernenden Knochenkeil (schraffiertes Feld)

b Nach Entfernung des Knochenkeiles ist der Winkel zwischen dem Oberschenkelhals und dem Oberschenkelschaft spitzer. Der Sitz der Winkelplatte zur Adaptation der beiden Knochenenden ist gekennzeichnet

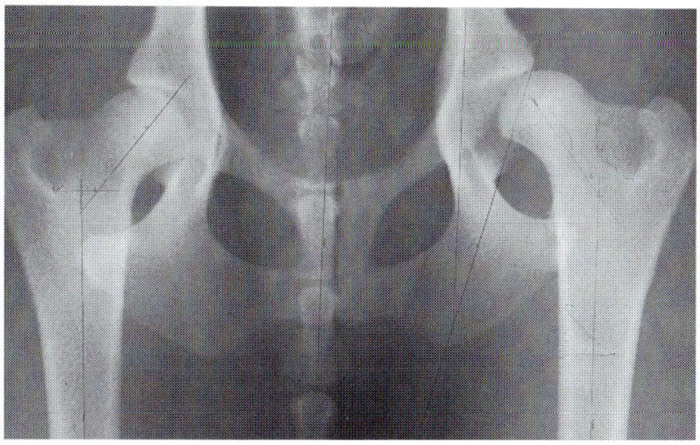

a

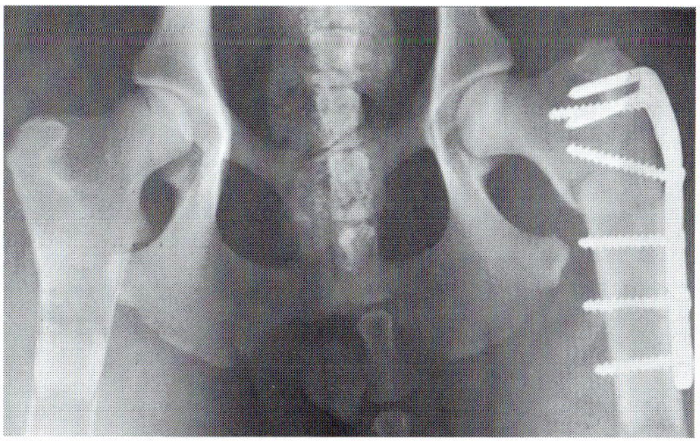

b

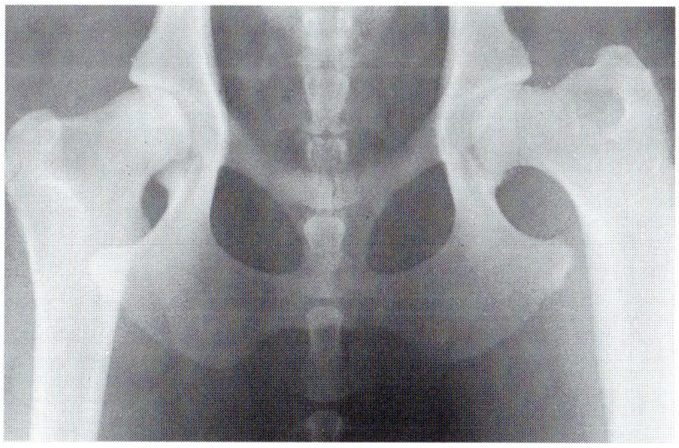

c

Abb. 38a–c Intertrochantäre Varisationsosteotomie (Röntgenbilder: K. J. SAERS, Duisburg)
a Prae Op. deutliche Subluxationsstellung des Oberschenkelkopfes
b Post Op. mit Winkelplatte. Die Subluxationsstellung ist erheblich verbessert
c 12 Monate post Op. nach Implantatentfernung. Der Oberschenkelkopf sitzt weiterhin tief in der Pfanne. Eine Arthrose hat sich nicht entwickelt

Oberschenkelschaftes nach vorne rotiert (Anteversion). Diese Fehlstellung wird durch die Varisationsosteotomie behoben. Nach sorgfältiger Vermessung der HD-Röntgenaufnahme wird zwischen zwei Muskelhöckern (Trochanter major und Trochanter minor) ein Schnitt durch den Oberschenkelschaft gelegt. Je nach Steilheitsgrad und Antetorsion des Oberschenkelhalses wird ein Knochenkeil aus dem Schaft herausgesägt und durch Achsendrehung des Halses nach hinten (Retorsion) der Oberschenkelkopf tief in die Pfanne gesenkt. Der durchtrennte Knochen wird mit einer Doppelhakenplatte (PRIEUR, 1987) fest zusammengepreßt und heilt so binnen sechs Wochen zusammen.

Die Varisationsosteotomie ist ähnlich wie die Beckenosteotomie bei größeren Hunderassen etwa ab dem siebten Lebensmonat indiziert, solange noch keine höhergradigen Arthrosezeichen vorhanden sind. Voraussetzung ist allerdings, daß die Hüftgelenkpfanne dem umgestellten Oberschenkelkopf noch Halt bieten kann, da sonst eine Verbesserung der Biomechanik nicht möglich ist. Bei exakter Beachtung der Indikation sind die Erfolgsaussichten der Varisationsosteotomie gut (LAKATOS, 1974; BRINKER, 1971; PAATSAMA und JUSSILA, 1974; PRIEUR und SCARTAZZINI, 1980). Auch bei Tieren mit höhergradigen Arthrosen konnte häufig eine deutliche Verbesserung der klinischen Symptome erzielt werden (PRIEUR und SCARTAZZINI, 1980). Komplikationen sind nach einer Varisationsosteotomie selten. Es wurden jedoch Oberschenkelhalsfrakturen und Implantatbrüche beschrieben. Die frisch operierten Hunde sollen, anders als nach der Beckenosteotomie, schon am zweiten Tag kontrolliert bewegt werden, um einer Muskelatrophie vorzubeugen.

Eine gleichzeitige Operation beider Hüftgelenke ist den Patienten weder mit der Beckenosteotomie noch mit der Varisationsosteotomie zuzumuten. Daher ist es sinnvoll, zuerst die stärker betroffene Seite und nach etwa drei bis vier Monaten die andere zu versorgen. Die Implantate können nach etwa einem Jahr entfernt werden. Die Notwendigkeit dieses zusätzlichen Eingriffes hängt jedoch von der individuellen Situation ab.

Bei keiner der beiden Operationsmethoden läßt sich mit Sicherheit voraussagen, ob und wie lange die Patienten beschwerdefrei sein werden.

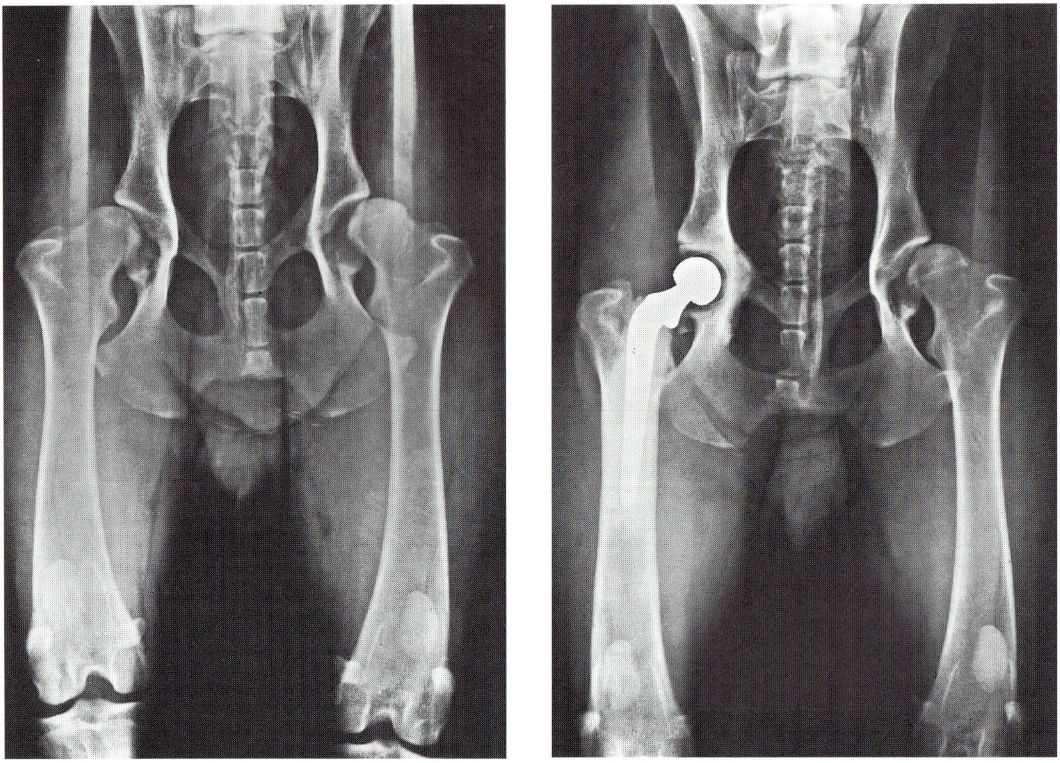

a b

Abb. 39 a und b Hüftgelenkstotalprothese (Röntgenbilder: U. Matis, München)
a Prae Op. deutliche Subluxationsstellung mit arthrotischen Veränderungen
b Post Op. mit dem Richards-Canine-II-Implantat (Kunststoffpfanne [mit Stahlring für Röntgenkontrast] und Edelstahlkopfprothese)

Auch läßt sich das Fortschreiten der degenerativen Gelenkveränderungen nicht immer verhindern. In Fällen, in denen die genannten Techniken nicht helfen konnten oder es zu Rezidiven kommt, bleibt nur noch eine der folgenden Operationsmethoden übrig, nämlich die Totalprothese oder die Oberschenkelkopfresektion. Diese sind auch dann das Mittel der Wahl, wenn schwere Hüftgelenkslahmheiten weder medikamentös noch durch eine Durchtrennung des M. pectineus zu beeinflussen sind.

Hüftgelenktotalprothese (Abb. 39 a und b)

Der Hüftgelenksersatz ist inzwischen auch beim Hund zu einer sicheren Operationsmethode herangereift. Hierbei wird der Oberschenkelkopf samt -hals abgesetzt und durch eine tief in den Oberschenkelschaft einzementierte Prothese ersetzt. Die Hüftgelenkpfanne und die häufig vorhandenen Knochenzubildungen an ihr werden so tief ausgefräst, daß die Kunststoffpfanne genügend Halt findet und ebenfalls einzementiert werden kann. Die Gelenkkapsel ist hierbei möglichst zu schonen und muß nach dem Einsetzen des künstlichen Oberschenkelkopfes in die Pfanne wieder vernäht werden.

Während der ersten Tage nach der Operation sind regelmäßige Antibiotikagaben erforderlich. Einer anfänglichen strengen Ruhepause folgt die allmähliche Steigerung der Bewegungsaktivität bis zu deren Normalisierung ab der sechsten Woche nach dem Eingriff. Wesentliche Voraussetzung für den Operationserfolg ist die sorgfältige Auswahl der Patienten. Die Tiere sollen wenigstens zehn Monate alt sein und müssen sich in einem guten Allgemeinzustand befinden. Besonders wichtig ist eine hinreichende Mineralisierung des Skelettes, um den Implantaten Halt zu bieten. Vor allem bei älteren Tieren sollte damit gerechnet werden, daß außer den Hüftgelenksbeschwerden auch neurologische Probleme durch eine degenerative Rückenmarkserkrankung vorliegen können. Dies muß sicher ausgeschlossen sein. Das gleiche gilt auch für chronische Leiden und Tumorerkrankungen. Infektionen, gleichgültig welcher Art, müssen vor der Operation vollständig ausgeheilt sein.

Die gefürchtetste postoperative Komplikation ist die Knocheninfektion. Sie führt meist zur Implantatlockerung mit hochgradigen Schmerzreaktionen, so daß die Prothese wieder entfernt werden muß. Ein weiteres, noch häufigeres Problem ist das Herausgleiten des künstlichen Oberschenkelkopfes aus der Pfanne (Luxation) als Folge einer nicht optimalen Neigung der Pfannenprothese oder einer zu starken Rückbildung (Atrophie) der Oberschenkelmuskulatur. Köhler vermeidet diese Komplikation durch den Einsatz einer speziellen Prothese, bei der der künstliche Gelenkkopf die künstliche Gelenkpfanne nicht verlassen kann (Köhler-Prothese, Fa. Howmedica, Kiel). Reizungen des Ischiasnerven und Implantatlockerungen ohne vorausgehende Infektionen sind relativ selten. Besonders die in der Humanmedizin gefürchtete Implantatabstoßung spielt beim Hund wegen seiner vergleichsweise geringen Lebenserwartung eine untergeordnete Rolle.

Die heute zumeist verwendeten Implantate sind eine Polyäthylen-Pfanne und eine Kobald-Chrom-Endoprothese (Modell Richards-Canine II). Noch günstiger wäre wohl die Verwendung von Titan-Implantaten, die zementfrei eingesetzt werden können, da sie wegen ihrer porösen Struktur vom umgebenden Knochengewebe durchdrungen werden und eine Implantatlockerung dann kaum mehr möglich ist (Schawalder, 1987, 1988). Aufgrund des gegenwärtig noch horrenden Preises für die Titanimplantate kommen diese nur selten zur Anwendung.

In der Hand eines geübten Chirurgen ist der Hüftgelenksersatz mit einer Erfolgsquote von über 90 % (Hohn et al., 1986) eine zuverlässige Möglichkeit, auch Hunden mit hochgradigen Hüftgelenksdysplasien langfristig zur Beschwerdefreiheit zu verhelfen. Leider ist der Kostenaufwand für die Operation relativ groß, besonders dann, wenn ein beidseitiger Ersatz der Hüftgelenke erforderlich wird.

Oberschenkelkopfresektion

Diese im Gegensatz zum Hüftgelenksersatz weniger kostenintensive Operation ist als Methode der letzten Wahl (Ultima ratio) unter den Eingriffen zur Behandlung der HD des ausgewachsenen Hundes einzustufen. Immer dann, wenn keine der vorgenannten Möglichkeiten in Frage kommt oder diese ihre Wirkung verfehlt haben, oder auch wenn es sich um besonders leichtgewichtige Tiere handelt, ist die Oberschenkelkopfresektion in Betracht zu ziehen.

Bei dieser Operationstechnik wird der Oberschenkelhals direkt am Oberschenkelschaft abgesetzt und mit dem Oberschenkelkopf entfernt. Entscheidend ist hierbei für den Erfolg, daß keinerlei Knochenvorsprünge am Oberschenkelschaft verbleiben, die später am äußeren Pfannenrand reiben könnten. Zu diesem Zweck ist es auch wichtig, die verbleibende Gelenkkapsel über der Pfanne zu verschließen.

Der Sinn dieses Eingriffs ist die Beseitigung der Schmerzen durch das Vermeiden eines direkten Kontaktes vom Oberschenkelknochen mit dem Becken. Der Körper reagiert hierauf mit der Bildung eines Scheingelenkes (Pseudarthrose), nämlich einer elastischen bindegewebigen Verbindung zwischen dem Oberschenkelschaft und dem gelenknahen Bereich der Hüfte. Ein solches Scheingelenk ermöglicht eine erstaunlich hohe Belastbarkeit, natürlich bei eingeschränktem Bewegungsradius der Gliedmaße.

Der Erfolg hängt hier besonders von einer unmittelbar nach der Operation durchgeführten Gymnastik der Gliedmaßen ohne Belastung ab. Später müssen die Tiere durch regelmäßige Bewegung zum Gebrauch des Beines angeregt werden, um der drohenden Muskelatrophie mit der nachfolgenden Instabilität vorzubeugen. Etwa vier bis sechs Wochen nach der Operation sollte das Bein wieder belastet werden. Bei beidseitig erforderlicher Operation kann der zweite Eingriff entsprechend dem Heilungsverlauf des ersten nach acht bis zehn Wochen erfolgen.

Als Komplikation ist in seltenen Fällen die Bildung von neuem Knochengewebe (Osteophyten), ausgehend vom Oberschenkelstumpf in

Richtung auf die Hüftgelenkpfanne, zu beobachten. Dies kann bei Kontakt der Knochen zu Schmerzreaktionen führen und eine Nachoperation erforderlich machen.

Die Prognose nach der Oberschenkelkopfresektion ist für kleine und leichtgewichtige große Hunde günstig. Schwere Tiere großer Rassen werden häufig nicht schmerzfrei und belasten die operierte Seite nur unzureichend. Ihre Schlankerhaltung ist daher besonders wichtig. Die Resektion des Oberschenkelkopfes führt zu einer Absenkung des Beckens und damit zu einer relativen Verkürzung der Gliedmaße. Hiervon wird die Gangart auf Kosten des Raumgriffes und der Elastizität beeinflußt. Kleine Hunde können dies zumeist so gut kompensieren, daß häufig nur geringe Abweichungen in der Gangart festzustellen sind. Große Hunde dagegen sind relativ steif und wenig belastbar. Dennoch bietet die Oberschenkelkopfresektion die Chance, solche Tiere als Familien- und Freizeithunde bei eingeschränkter Bewegungsaktivität zu erhalten.

Trotz der Vielfalt geeigneter Behandlungs- und Operationsmethoden wird es immer wieder Fälle geben, in denen alle Mühen vergebens sind und am Ende die Euthanasie der leidenden Hunde steht. Besonders bedauerlich ist es, wenn diese Maßnahme bereits bei Junghunden erforderlich wird, die wegen ihrer zerstörten Hüftgelenke nicht mehr laufen können. Konsequente züchterische Maßnahmen stehen daher im Vordergrund bei der Bekämpfung der HD.

7 Präventivmaßnahmen

M. Schneider-Haiss

Wie bereits im Kapitel 2 erwähnt, handelt es sich bei der HD um ein erblich bedingtes Leiden. Die wirksamste Prophylaxe für die Hundepopulation ist daher eine Eliminierung der HD mit züchterischen Mitteln.

Seitens mancher Rassezuchtvereine wurden bereits in den sechziger Jahren unterschiedlich strenge Zuchtrichtlinien zur Bekämpfung der HD erlassen. Man bediente sich dabei der Massenselektion, indem man die Merkmalsträger, also die röntgenologisch HD-positiven Hunde, von der Zucht ausschloß. Es dauerte dann einige Jahre, bis sich die Maßnahmen auswirkten und die Häufigkeit des Auftretens der Erkrankung in den jeweiligen Populationen abnahm (Tab. 1) (Freudiger und Stauffer, 1986). Bei vielen Rassen, wie z. B. den Leonbergern und Bernhardinern, ist die Verbreitung der HD so groß, daß ein Zuchtausschluß aller Merkmalsträger die Zuchtbasis zu sehr einengen und zum Verlust anderer, wertvoller Rasseeigenschaften führen würde. Daher sind viele Zuchtvereine bei HD-Frequenzen von 40 % und mehr gezwungen, mit leicht oder gar mittelschwer befallenen Hunden zu züchten und die Richtlinien nur allmählich zu verschärfen. Dies zögert jedoch einen Zuchterfolg stark hinaus.

Eine andere, wirksamere Selektionsmöglichkeit ist die Nachkommenprüfung. Diese Methode hat gegenüber der Massenselektion den Vorteil, daß außer den Merkmalsträgern auch diejenigen Tiere erkannt werden, welche zwar röntgenologisch HD-frei sind, aber dennoch ein bezüglich der HD ungünstiges Erbgut tragen. Vom Rassezuchtverein für Hovawart-Hunde e.V. wird die Nachkommenprüfung zusätzlich zu den Maßnahmen der Massenselektion angewendet. Ursprünglich wurden die Hovawart-Rüden, die überdurchschnittlich viele dysplastische Nachkommen hatten, von der Zucht ausgeschlossen. Seit 1986 werden die jungen Rüden nach bestandener Zuchttauglichkeitsprüfung je fünfmal zum Deckakt zugelassen und dann vorläufig mit einer Zuchtsperre belegt. Ist die HD-Frequenz in der Nachkommenschaft dieser Rüden nicht ungünstiger als der Rassedurchschnitt, wird die Zuchtsperre wieder aufgehoben. Der Erfolg dieses Zuchtreglements läßt sich zur Zeit noch nicht ablesen, da noch nicht genügend Nachkommen solcher erneut zugelassener Rüden auf HD untersucht wurden.

Tabelle 1 Die Entwicklung der HD-Häufigkeiten als Ergebnis der züchterischen Maßnahmen am Beispiel der Rassen Boxer, Deutscher Schäferhund und Bernhardiner in der Bundesrepublik Deutschland

Boxer

HD-Befunde

Jahr	Frei	Übergangsf.	Leicht	Mittel	Schwer	Total
1971	9 %	27 %	41 %	20 %	3 %	802
1978	24 %	31 %	35 %	7 %	0 %	863
1986	42 %	26 %	21 %	7 %	1 %	1037

(Boxer-Club, 1989)

Schäferhund

HD-Befunde

Jahr	Frei	Übergangsf.	Leicht	Mittel	Schwer	Total
1968	10 %	20 %	42 %	26 %	2 %	1498
1981	35 %	35 %	21 %	7 %	2 %	10030
1988	53 %	23 %	15 %	8 %	1 %	8578

(SV-Rassestatistik, 1989)

Bernhardiner

HD-Befunde

Zeitraum	Frei	Übergangsf.	Leicht	Mittel	Schwer	Total
1980 – 1983	13 %	13 %	19 %	34 %	21 %	619
1984 – 1986	24 %	16 %	17 %	27 %	16 %	436

(St. Bernhards-Klub, 1986)

Auf die populationsgenetischen Aspekte der Zuchtwahl wird in Kapitel 8 in aller Ausführlichkeit eingegangen.

An der Ausprägung eines polygen determinierten Merkmals wie der HD sind außer den genetischen auch Umwelteinflüsse beteiligt. Diese können die Hüftgelenkentwicklung positiv wie negativ beeinflussen. Unter Umweltfaktoren bezüglich der HD versteht man alle äußeren Einflüsse, die von der Verschmelzung der Keimzellen bis zur vollständigen Ausreifung der Hüftgelenke auf ein Individuum einwirken.

Hinsichtlich der prophylaktischen Maßnahmen gegen die HD sind diejenigen Umweltfaktoren, welche vom Züchter bzw. späteren Besitzer gestaltet werden können, von Interesse. Weit im Vordergrund steht hier die Möglichkeit der Einflußnahme über die Fütterung.

Untersuchungen in Schweden und den USA zeigten, daß eine extreme Gewichtszunahme bei Tieren, die die genetische Veranlagung zur HD haben, deutlich mit dem Auftreten der Erkrankung korreliert ist (Kasström, 1975; Lust et al., 1978). Wie stark die Fütterung die Ausprägung der HD beeinflussen kann, zeigt folgender Versuch an Wurfgeschwistern, die von HD-behafteten Eltern abstammen: Die Würfe wurden halbiert und in zwei Welpengruppen unterteilt. Eine Welpengruppe wurde gleich nach einer Woche von der Mutter abgesetzt und stark restriktiv mit einer ausgewogenen Diät gefüttert. Ab dem dritten Lebensmonat durften diese Welpen nach Belieben (ad libitum) fressen. Die zweite Welpengruppe verblieb bei einer der Mütter und erhielt vom Beginn der Zufütterung an eine Ad-libitum-Fütterung. Im Alter von zehn Monaten waren 75 % der Gruppe 1 HD-frei, während die Tiere der Gruppe 2 bereits mit 6 Monaten zu 90 % positive HD-Befunde aufwiesen.

Diese Erkenntnisse deuten darauf hin, daß eine korrekte Fütterung nicht unbedingt gleichbedeutend ist mit einer Fütterung, die auf ein maximales Körperwachstum abzielt. Dies bestätigt auch Dämmrich (1979), der vor erworbenen Wachstumsstörungen durch eine zu energie- und eiweißreiche und damit anabol wirkende Fütterung warnt. Besonders bei den großen und schnellwüchsigen Rassen sei auf die Bedeutung einer moderaten Fütterungsweise hingewiesen. Viele Züchter sind der Meinung, nur mit einer maximalen Futter- und Nährstoffaufnahme sei ein hinreichendes Größenwachstum zu erzielen. Bei einer ausgewogenen Ernährung wird das gleiche Ergebnis, nur etwas später, erreicht, jedoch befinden sich dabei die Muskelmasse und die Skelettreifung in besserem Einklang (Meyer, 1983). Aus der Tab. 2 sind Empfehlungen für die tägliche Futtermengenzuteilung bei wachsenden Welpen zu entnehmen.

Bislang gibt es seitens der Zuchtvereine noch keine Angaben über optimale Gewichtsentwicklungen der Welpen und Junghunde. Dies wäre jedoch sehr wünschenswert, um den Züchtern und Junghundebesitzern Richtlinien für die Aufzucht an die Hand zu geben. Tab. 3 und Abb. 40 zeigen eine Übersicht über das Wachstum von Welpen in verschiedenen Größenklassen, ohne dabei geschlechtsspezifische Besonderheiten zu berücksichtigen.

Tabelle 2 Empfehlungen für die tägliche Futtermengenzuteilung bei wachsenden Welpen mit einem zu erwartenden Endgewicht von 35 kg (Angaben in g/kg Körpergewicht) (Meyer, 1983 und 1985)

Lebensmonat	3.	4.	5. + 6.	7. – 12.
Trockenalleinfutter 1,6 MJ verdauliche Energie/100 g ursprüngliche Substanz	48	42	30 – 35	20 – 25
Feuchtalleinfutter 0,45 MJ verdauliche Energie/100 g ursprüngliche Substanz	160	150	110	60 – 100
Ration aus Pansen, Leber, Haferflocken, Reis etc. 1 MJ verdauliche Energie/100 g ursprüngliche Substanz	70	65	50	25 – 45

MJ = Megajoule

Tabelle 3 Wachstum von Welpen in verschiedenen Größenklasse. Angegeben sind die erreichten Gewichte ausgedrückt in % Lebendmasse ausgewachsener Tiere am Ende des genannten Lebensmonats (Meyer, 1983)

Rassen	1.	2.	3.	4.	6.	12.	∅ Lebendmasse ausgewachsen kg
	Lebensmonat						
mittelgroße	10	25	40	52	68	95	20
große	7	18	30	43	65	92	35
Riesenrasse	5	12	22	35	60	90	60

Ein weiterer in der Aufzuchtperiode sehr zu beachtender Faktor ist der Mineralstoffgehalt der Futtermittel, insbesondere hierbei das Kalzium-Phosphor-Verhältnis, welches 1:0,8 betragen soll. Bei vom Tierhalter selbst zusammengestellten Futterrationen mit hohem Fleischanteil ist dieses Verhältnis häufig zugunsten des Phosphors verschoben, und es käme ohne eine entsprechende Kalziumzufütterung zu einem Abbau des im Knochenreservoir befindlichen Kalziums, um das Kalzium-Phosphor-Verhältnis im Blut auszugleichen. Dies wirkt einer optimalen Skelettreifung entgegen und führt in fortgeschrittenen Stadien zur Fehlentwicklung der Knochen (Osteodystrophia fibrosa).

Eine übermäßige Zufuhr von Kalzium kann allerdings ebenso schwerwiegende Folgen haben wie die Kalziumunterbilanzierung. Aufgrund der hohen Resorptionsrate des Kalziums aus

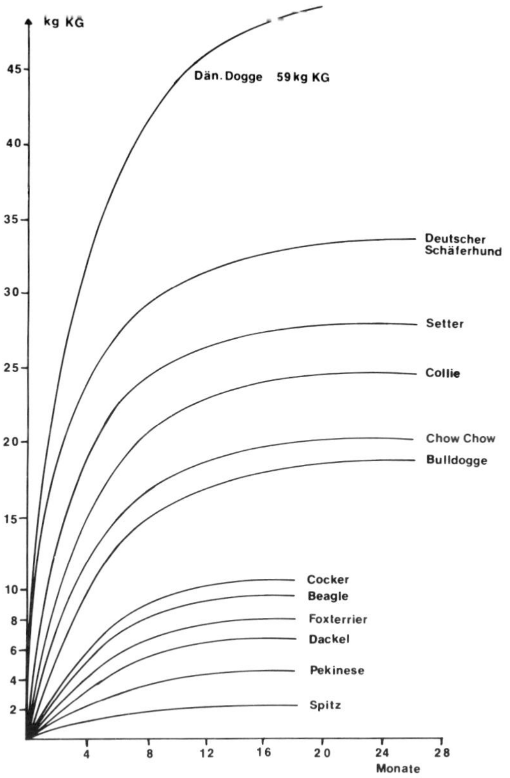

Abb. 40 Wachstumskurven von 15 Hunderassen. (Aus R. W. Kirk, zit. nach Grondalen und Hedhammar, 1984)

dem Darm (mindestens 40 %) kommt es leicht zu einer Erhöhung des Serumkalziumspiegels (Hyperkalzämie). Durch diese wird zwar die Bildung der Knochensubstanz vermehrt, aber der für die Skelettreifung erforderliche Knochenumbau verzögert. Dies kann zu einem stumpfen Winkel zwischen Oberschenkelhals und Oberschenkelschaft mit unzureichendem Sitz (Subluxation) des Oberschenkelkopfes in der Hüftgelenkpfanne führen (Teare et al., 1979). Der gleiche Effekt ist bei zu hohen Vitamin-D-Gaben zu befürchten, da das Vitamin D bzw. seine Metaboliten die Kalziumresorption aus dem Darm steigern. Zu dem Bedarf an Mineralstoffen, Spurenelementen und Vitaminen der wachsenden Hunde sei auf das Buch Meyer „Ernährung des Hundes" verwiesen.

Eine Veröffentlichung des amerikanischen Autors Belfield (1976) erregte großes Aufsehen. Er stellte die These auf, mit extrem hohen Vitamin-C-Dosen im Futter der Hündin während der Trächtigkeit und der Welpen von Geburt an sei die Ausbildung der HD zu verhindern. Diese These beruht auf der Überlegung, daß das Vitamin C ein wesentlicher Faktor in der Produktion der Grundsubstanz des Bindegewebes ist. Aufgrund des Wachstumsstresses bei Junghunden großer Rassen soll es zu einem Mangel an Vitamin C und damit verbunden zu einer Schwächung des Bindegewebsapparates mit Subluxation im Hüftgelenk kommen. Kammerer (1983) nahm diesen Gedanken auf und verbreitete ihn über eine kynologische Fachzeitschrift in deutschen Züchterkreisen. Seither ist das Thema Vitamin C-Fütterung immer wieder Gegenstand von Diskussionen. Daß diese These falsch ist, zeigen die Fütterungsversuche von Teare et al. (1979) sowie die Arbeit von Lust et al. (1973). Anders als der Mensch ist der Hund in der Lage, Vitamin C im Körper bedarfsgerecht zu produzieren. Eine über diesen Bedarf hinausgehende Zufütterung von Vitamin C bewirkt nur dessen erhöhte Ausscheidung über die Nieren.

Neben der Fütterung sind auch die Bewegungsaktivität sowie die Unterbringung der Hunde leicht beeinflußbare Umweltfaktoren. So konnte durch extreme Bewegungseinschränkung von Welpen, die in kleinen Käfigen zum häufigen Sitzen gezwungen waren, das Auftreten der HD verhindert werden (Riser und Miller, 1966). Das häufige Sitzen scheint hier nämlich den tiefen Sitz des Oberschenkelkopfes in der Pfanne und damit einen plastischen Reiz zur Ausbildung eines korrekten Hüftgelenks zu gewährleisten. Eine solche widernatürliche Haltungsform ist jedoch aus tierschützerischen Gründen abzulehnen. Bewegungseinschränkungen zum späteren Zeitpunkt dagegen haben keinen wesentlichen Einfluß auf die Hüftgelenkentwicklung (Lust et al., 1973). Vor hohen Dauerbelastungen wie z. B. sehr langen Läufen am Fahrrad oder zu frühes und intensives Training zur Schutzhundausbildung ist bei Junghunden zu warnen, da diese zur Überbeanspruchung der noch unreifen Hüftgelenke führen und das Entstehen einer HD begünstigen können. Optimal ist eine tägliche spielerische Bewegungsaktivität nach den Bedürfnissen des jungen Hundes, ähnlich der Situation im natürlichen Verband mit Artgenossen.

Hinsichtlich der Unterbringung der Jungtiere ist zu beachten, daß die Zwinger trocken und hinreichend wärmeisoliert sind und deren Bodenbeschaffenheit rutschfest und trittsicher ist. Glatte und rutschige Böden fördern das Ausgleiten der noch nicht gefestigten Junghunde mit extrem gespreizten Hinterbeinen. Hierdurch kommt es zu erheblichen unnatürlichen Krafteinwirkungen, welche eine gesunde Hüftgelenkentwicklung beeinträchtigen können. Sicher ist es möglich, durch eine optimale Gestaltung der Umweltfaktoren die Hüftgelenkentwicklung eines genetisch HD-belasteten Tieres günstig zu beeinflussen und diesem dadurch zu helfen. Verhindern läßt sich das Auftreten der Erkrankung so dennoch nicht. Vielmehr wird die Kontrolle des Zuchterfolges durch optimale Umwelteinflüsse eher erschwert, da manche genetisch belastete Tiere röntgenologisch und klinisch weniger auffällig sind als sie dies unter ungünstigeren Bedingungen wären. Ein bezüglich der HD erbgesundes Tier dagegen wird auch unter ungünstigen Umweltbedingungen keine HD entwickeln. Hieraus wird deutlich, daß alle nicht züchterischen Präventivmaßnahmen gegen die HD zwar dem Individuum, nicht aber der Rasse nützen. Das soll nicht heißen, daß nun alle Hunde unter möglichst ungünstigen Bedingungen aufgezogen werden müssen, sondern soll den Blick der Züchter und der Vertreter der Rassezuchtvereine auf die eigentliche Herausforderung, nämlich die züchterische Bekämpfung der HD lenken.

8 Populationsgenetische Aspekte der Hüftgelenksdysplasie

I. Stur

Für den Genetiker und praktischen Tierzüchter stellt sich die HD als eine der bedeutendsten und problematischsten Erbkrankheiten in der Hundezucht dar. Vom Phänotyp her zeigt sich die HD als äußerst komplexes Krankheitsbild, das sowohl in bezug auf klinische Erscheinungen als auch in bezug auf röntgenologische Befunde große Varianz in den betroffenen Rassen zeigt. Vom Genotyp her präsentiert sich die HD als polygenes Merkmal, das sich durch ein äußerst kompliziertes Zusammenwirken von qualitativen und quantitativen Schwellenwerteffekten, allelen Wechselwirkungen sowie unterschiedlicher Umweltbeeinflußbarkeit einer einfachen züchterischen Bekämpfung entzieht. Dazu kommt die oft nur mangelnde Bereitschaft von Züchtern und Besitzern, ihre Hunde im Interesse einer möglichst effektiven Selektion den notwendigen Untersuchungen zu unterziehen bzw. aus vorhandenen Untersuchungsergebnissen die entsprechenden Konsequenzen zu ziehen.

Das Resultat ist eine, inzwischen bei zahlreichen Rassen mehr oder weniger stark verbreitete, Erbkrankheit, die trotz teilweise intensiver Zuchtarbeit der Verbände nicht richtig unter Kontrolle zu bringen ist.

Das folgende Kapitel bietet keine züchterische Patentlösung an; es soll dem interessierten Züchter helfen, die genetischen Zusammenhänge zu verstehen und die daraus resultierende züchterische Problematik zu erkennen. Unter dem Motto „Der Feind, den man kennt, ist kein Feind mehr“ könnte es einen Beitrag liefern zu einer verbesserten und effektiveren Zuchtarbeit.

Angesichts der extremen Verbreitung der HD bei Hunden der verschiedensten Rassen stellt sich die Frage, warum ausgerechnet die HD beim Hund ein so großes Problem darstellt. Wie konnte es dazu kommen, daß man bei so vielen Hunderassen kaum noch sicher HD-freie Hunde bekommen kann?

Der Grund dafür liegt vermutlich in der speziellen Konzeption der Hundezucht. Verglichen mit der Zucht landwirtschaftlicher Nutztiere, bei denen eine bestimmte wirtschaftlich effiziente Produktionsleistung im Mittelpunkt der Zuchtarbeit steht, wurde beim Hund, mit wenigen Ausnahmen, vor allem der Rassestandard als Selektionsgrundlage herangezogen. Die Rassestandards differieren zwischen den verschiedenen Rassen in großem Ausmaß – man denke allein an die große Varianz zwischen den Rassen in bezug auf die Größe – eines ist aber allen Rassen gemeinsam: die Standardvorschriften beziehen sich vor allem auf Exterieurmerkmale. Beurteilt werden Größe, Haarfarbe, Haarlänge, Augenfarbe, Rutenform, Ohrenform, Kopfform etc. Bezug zur Funktionalität wird allenfalls bei der Beurteilung von Gelenkswinkeln und Extremitätenstellung genommen, wobei allerdings die Gewichtung dieser Merkmale im Rahmen der Gesamtbewertung rasseabhängig der Richtermeinung überlassen bleibt.

Ohne die Bedeutung von Rassestandards in Frage stellen zu wollen, stellt sich dem tierärztlich ausgebildeten Genetiker doch die Frage, ob nicht die allzu einseitige Selektion nach Standardmerkmalen die Disposition zu Funktionsstörungen begünstigt. Diese Problematik soll anhand eines Beispiels verdeutlicht werden: Die HD hat ihre größte Verbreitung bei großen Hunderassen. Bei diesen Rassen hat sich nun nicht nur durch Selektion das durchschnittliche Körpergewicht erhöht, gleichzeitig kam es in vielen Fällen zu einer nicht direkt beabsichtigten genetisch bedingten Beschleunigung des Jugendwachstums. Dieser Selektionseffekt ergibt sich höchstwahrscheinlich im Rahmen der Welpenauswahl. Die meisten Hundekäufer – und das gilt auch für kleinere Rassen – suchen sich aus einem Wurf den größten und schwersten Welpen aus, da sie der Meinung sind, daß der größte und schwerste Hund auch der gesündeste ist. Auf diese Weise kommt es zu Bervorzugung von Hunden mit raschem Jugendwachstum. Die Beschleunigung des Jugendwachstums bringt aber Probleme mit sich. Da nicht alle Körpergewebe gleich schnell wachsen, wirkt sich eine züchterisch bedingte Beschleunigung des Wachstums auch nicht in gleichem Ausmaß auf die verschiedenen Gewebe aus. So wachsen z. B. Knochen und Sehnen wesentlich langsamer als Muskeln und Fettgewebe. Das beschleunigte Wachstum wirkt sich somit in wesentlich größerem Ausmaß auf Muskulatur und Fettgewebe aus als auf das Skelett. Die Folge ist, daß das wachsende Skelett einer wesentlich größeren Belastung ausgesetzt ist es als der natürlichen Entwicklung entspricht. Besonders bei zusätzlich reichlicher Fütterung, die die meisten Hundebesitzer gerade dem jungen Hund zukommen lassen, ist das wachsende Knochen-, Knorpel- und Sehnengewebe überlastet und gibt dem unphysiologischen Druck nach. Reichliche Bewegung – auch das eine unter natürlichen Bedingungen unverzichtbare Notwendigkeit für den jungen Hund – tut ein übriges, um die übermäßige Belastung des Skelettes zu verstärken. Resultat dieser gestörten Wachstumsharmonie ist ein Skelett mit Abweichungen in der normalen Ausbildung von Knochen und Gelenken.

Folgt man dieser Überlegung, wäre die HD ganz einfach als Folge zu raschen Jugendwachstums zu erklären, bei der es durch den erhöhten Gewichtsdruck auf das Hüftgelenk zu einer Verformung der Gelenkpfanne kommt, aus der später die bekannten Symptome der HD entstehen.

Der Vorgang der gestörten Wachstumsharmonie spielt sicher eine nicht unwesentliche Rolle bei der Entstehung der HD, und züchterische Maßnahmen, die eine Verringerung der Wachstumsgeschwindigkeit zur Folge haben, könnten sich auch auf das Problem HD günstig auswirken. Leider ist aber das Krankheitsgeschehen der HD klinisch, pathologisch und genetisch wesentlich komplexer und die Verringerung der Wachstumsgeschwindigkeit allein sicher nicht das Patentrezept im züchterischen Kampf gegen die HD.

Daß auch fehlende Leistungsselektion die Verbreitung der HD begünstigt, läßt sich am Beispiel der Windhunde demonstrieren. Windhunde – grundsätzlich leichter gebaut als Hunde anderer Rassen und damit auch weniger einer übermäßigen Belastung des Hüftgelenks ausgesetzt – werden im allgemeinen nicht nur nach dem Exterieur, sondern auch nach ihrer Rennleistung selektiert. Windhunde, die nicht HD-frei sind, können keine entsprechende Rennleistung bringen. Sie werden daher auch nicht oder weniger häufig zur Zucht verwendet. Damit findet bei Windhunden automatisch eine Selektion gegen HD statt, die sich in einer wesentlich geringeren Verbreitung der HD bei Windhunden im Vergleich mit anderen Rassen manifestiert.

So gesehen wäre bei allen betroffenen Rassen eine Leistungsselektion im Sinne einer standardisierten Belastung – wie sie beim Windhund das Rennen darstellt – eine weitere Hilfe im züchterischen Kampf gegen die HD.

Um nun aber alle genetischen und züchterischen Aspekte der HD zu verstehen, müssen wir uns ein wenig mit den Grundlagen der Genetik vertraut machen.

Die Weitergabe von Merkmalen von den Eltern an die Nachkommen kann nur dann erfolgen, wenn die betreffenden Merkmale im Genotyp der Eltern verankert sind. Unter dem Genotyp versteht man die Summe der genetischen Informationen eines Individuums. Der Phänotyp – das äußere Erscheinungsbild – wird einerseits vom Genotyp, andererseits von den Umweltfaktoren beeinflußt. Unter Umwelt im genetischen Sinn versteht man alle Faktoren, die von außen auf den reaktionsfähigen Genotyp einwirken, also z. B. Haltung, Fütterung, Temperatur, Licht, aber auch Einflüsse anderer Individuen wie beim Hund z. B. Besitzer oder andere Hunde.

Auf eine einfache Formel gebracht, gilt:

Phänotyp = Genotyp + Umwelt

Der jeweils erfaßbare prozentuale Anteil des Genotyps an der phänotypischen Ausprägung eines Merkmals wird als Heritabilität bezeichnet. Bei Merkmalen mit hoher Heritabilität ist für den Phänotyp vor allem der Genotyp verantwortlich, die Umwelt kann nur geringfügig modifizieren. Bei Merkmalen mit niedriger Heritabilität ergibt sich die phänotypische Ausprägung vor allem durch Umwelteinflüsse.

Wir wollen diese Zusammenhänge an zwei einfachen Beispielen demonstrieren:

Ein Merkmal mit hoher Heritabilität ist die Größe. Jeder Hund hat eine bestimmte, genetisch vorgegebene Größe, die sich nur geringfügig durch Umwelteinflüsse während des Wachstums modifizieren läßt. Ein Merkmal mit niedriger Heritabilität ist das Gewicht. Innerhalb bestimmter – genetisch vorgegebener – Grenzen hängt das tatsächliche Gewicht des Hundes vor allem von der Menge des täglichen Futters ab.

Züchterisch leicht zu bearbeiten sind Merkmale mit hoher Heritabilität. Je höher die Heritabilität eines Merkmals ist, um so sicherer wird eine bestimmte Merkmalsausprägung von den Eltern an die Nachkommen weitergegeben.

Nun ein kurzer Überblick über die Heritabilität verschiedener Merkmale:

Hohe Heritabilität:	Exterieurmerkmale (Größe, Farbe, Haarlänge, Gelenkwinkelungen, Ohrenform etc.).
Mittlere Heritabilität:	Leistungsmerkmale (Jagdleistungen, Rennleistung, Milchleistung etc.).
Niedrige Heritabilität:	Vitalitätsmerkmale (Fruchtbarkeit, Krankheitsresistenz, Langlebigkeit etc.).

Die Ausbildung der Hüftgelenke beim Hund gehört zu den Merkmalen mit mittlerer bis hoher Heritabilität und somit zu den Merkmalen, die sich grundsätzlich erfolgreich züchterisch bearbeiten lassen. Dennoch zählt die HD zu den Erkrankungen, deren züchterische Bekämpfung besonders schwierig ist.

Um diese Problematik zu verstehen, müssen wir uns weiter mit den Grundlagen der Genetik beschäftigen.

Die Rolle der Umwelteinflüsse auf den Phänotyp erscheint klar. Nahrung, Klima, soziale Beziehungen etc. sind Faktoren, deren Wirkungsmechanismus jedem naturwissenschaftlich Gebildeten klar und verständlich ist. Welcher Wirkungsmechanismus liegt aber den Genen zugrunde? In welcher Weise kann ein Gen den Phänotyp modifizieren?

Wir wollen uns dazu kurz den Aufbau eines Organismus vor Augen halten:

Jeder Organismus ist aus verschiedenen Organen und Geweben zusammengesetzt, deren Bausteine Zellen sind.

Jede einzelne Zelle besteht aus Zellmembran, Zellplasma mit Zellorganellen und dem Zellkern.

Der Zellkern enthält Chromosomen, die Träger der genetischen Information sind.

Die chemische Grundsubstanz der Chromosomen ist DNS (Desoxyribonukleinsäure). DNS besteht aus einer Aufeinanderfolge von Nucleotiden, die grundsätzlich den gleichen Aufbau haben (s. unten).

Die DNS liegt im Zellkern als Doppelstrang vor, wobei jeweils zwei gegenüberliegende Basen durch Wasserstoffbrücken verbunden sind. Die Basen stellen nun die eigentliche genetische Grundinformation dar. Es gibt vier verschiedene Basen: Adenin, Thymin, Cytosin und Guanin. Jeweils drei nebeneinander liegende Basen werden als Basentriplett bezeichnet und stellen die kleinste Einheit der genetischen Information dar. Sie sind die Buchstaben eines 20teiligen genetischen Alphabets, wobei jeder Buchstabe (jedes Basentriplett) die Codebezeichnung für eine von 20 verschiedenen Aminosäuren darstellt.

Die Aufeinanderfolge von Basentripletts an der DNS codiert die Aufeinanderfolge von Aminosäuren, die im Organismus als Bausteine von Proteinen fungieren. Die Buchstabenfolge des genetischen Codes gibt somit die Aufbauanweisung der Proteine an. Der Aufbau der Proteine erfolgt in dafür bestimmten Zellorganellen, den Ribosomen, wobei die genetische Information von einer Boten-Ribonukleinsäure (Messenger-RNS) im Kern an der DNS abgelesen wird und an die Ribosomen im Zellplasma gebracht wird. Dort werden nach dem vom genetischen Code vorgegebenen Rezept Aminosäuren zu Proteinen zusammengebaut.

Die effektive Genwirkung besteht somit in der Produktion bestimmter Proteine.

Proteine haben im Organismus zwei Hauptaufgaben zu erfüllen:

a) Als Strukturproteine sind sie Hauptbestandteile von Geweben und Organen.

b) Als Enzyme sind sie an sämtlichen Stoffwechselreaktionen obligat beteiligt, die für die Lebensfunktionen eines Organismus verantwortlich sind.

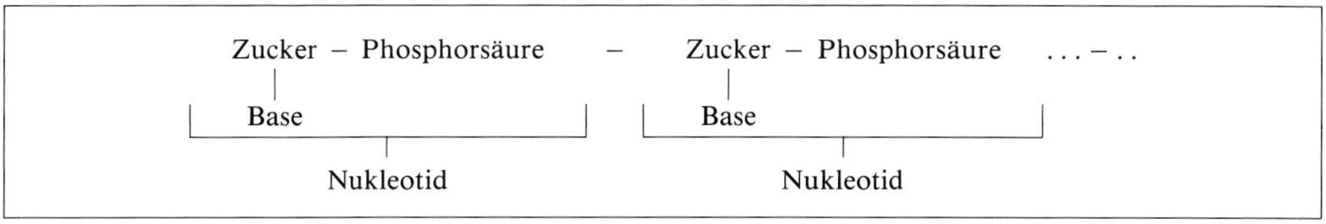

Wenn wir nun von diesem Wissen ausgehend uns den genetischen Einfluß auf die Ausbildung des Hüftgelenks vor Augen halten wollen, dann lassen sich folgende Einflüsse abschätzen:

- gencodierte Proteine sind Bausteine des Gelenkknorpels, der Bänder, Sehnen und Muskeln, der Gelenkkapsel, der Gelenkflüssigkeit etc.,
- gencodierte Enzyme steuern Auf- und Umbauprozesse sowie Funktionsprozesse im Knochen-, Knorpel-, Muskel-, Bindegewebsstoffwechsel,
- gencodierte Proteine und Enzyme steuern Wachstumsprozesse des Gesamtorganismus, die wiederum die Entwicklung und Funktion des Hüftgelenks beeinflussen,
- gencodierte Proteine steuern Verhaltensweisen, die ihrerseits die Entwicklung und die Funktion des Hüftgelenks beeinflussen.

In jedem dieser Genwirkungskomplexe kann es nun durch Mutationen zu Störungen kommen.

Unter Mutation versteht man grundsätzlich jede Veränderung der genetischen Information, wobei diese Veränderung im Verlust von Basen, Basentripletts oder Triplettgruppen oder im Austausch von Basen, Basentripletts oder Triplettgruppen durch andere bestehen kann.

Die Folgen sind grundsätzlich immer gleich: Im genetischen Wortgefüge stehen falsche Buchstaben, die den Sinn des Wortes verändern oder das Wort überhaupt unsinnig machen. Proteine, die aufgrund solcher veränderter genetischer Codes produziert werden, haben eine andere Wirkung als das Originalprotein oder zeigen überhaupt keine spezifische Wirkung.

Ein Beispiel:

Wenn in unserem Alphabet durch das Wort „Konstruktion" ein bestimmter Sinn gegeben ist, dann kehrt sich der Sinn durch den Austausch weniger Buchstaben in das Gegenteil zum Begriff „Destruktion" oder durch Verlust weniger Buchstaben zu Nonsens, wenn die Buchstabenfolge „struktion" übrigbleibt.

Ähnlich wirken sich Mutationen im genetischen Alphabet aus: Änderungen des genetischen Codes führen zum Aufbau von Proteinen mit geänderter Struktur und damit geänderter Funktion oder zum Aufbau von „Nonsens"-Proteinen, die überhaupt keine Wirkung mehr haben.

Findet nun zum Beispiel eine Mutation in einem Genkomplex statt, dessen Produkte für den Aufbau von Knorpelsubstanz verantwortlich sind, dann wird der Aufbau von Knorpelsubstanz entweder eingeschränkt oder überhaupt nicht stattfinden.

Die röntgenologisch bzw. klinisch erkennbare HD ergibt sich aus einem Zusammenwirken von Defektproteinen, die von durch Mutation entstandenen Defektgenen codiert werden.

Die Hauptproblematik bei der Bekämpfung der HD ergibt sich nun aus der Tatsache, daß nicht alle Tiere, die durch Mutationen entstandene Defektgene in einem oder mehreren der für die Ausbildung des Hüftgelenks verantwortlichen Genkomplexe tragen, auch klinisch oder röntgenologisch das Bild der HD zeigen. Der Grund dafür ergibt sich aus zwei Fakten:

1. Defektgene zeigen meist rezessive Genwirkung. Tiere, die heterozygot sind, die also sowohl ein Normalgen als auch ein Defektgen tragen, zeigen phänotypisch keinen Defekt.
2. Erst das gleichzeitige Auftreten verschiedener Defektgene in verschiedenen Genkomplexen, die für die Ausbildung des Hüftgelenks verantwortlich sind, führt zum phänotypischen Bild der Krankheit. Sind in einem einzelnen Genkomplex nur wenige Defektgene vorhanden, oder ist nur ein einzelner Genkomplex mit Defektgenen besetzt, kommt es ebenfalls zu keiner phänotypischen Veränderung.

Diese Zusammenhänge sollen anhand eines theoretischen Denkmodells veranschaulicht werden.

Wie schon gesagt, sind es mehrere Genkomplexe, die für die Ausprägung des Hüftgelenks verantwortlich sind. Für unser Denkmodell wollen wir uns der Einfachheit halber auf fünf Hauptkomplexe beschränken und diese folgendermaßen bezeichnen:

Genkomplex A:	verantwortlich für die Ausbildung der knöchernen Bestandteile des Hüftgelenks (Hüftgelenkpfanne, Oberschenkelkopf).
Genkomplex B:	verantwortlich für die knorpeligen Bestandteile des Hüftgelenks.
Genkomplex C:	verantwortlich für die Sehnen und Bänder des Hüftgelenks.
Genkomplex D:	verantwortlich für die Ausbildung der hüftgelenksnahen Muskulatur.
Genkomplex E:	verantwortlich für die Winkelung der Hinterhand.

Jeder der genannten Genkomplexe umfaßt eine unterschiedliche Anzahl verschiedener Genloci, die sich in ihrer Wirkung gegenseitig verstärken und die jeweils mit Normalgenen oder mit Defektgenen besetzt sein können. Wir wollen desweiteren von der Annahme ausgehen, daß alle Defektgene rezessive Genwirkungen haben, daß sie also die Produktion eines Defektproteins codieren. Um das Demonstrationsbeispiel zu vereinfachen, wollen wir außerdem annehmen, daß in jedem einzelnen Genkomplex fünf Genloki für die unterschiedliche phänotypische Ausprägung verantwortlich sind. Wenn wir jetzt einen der Genkomplexe (z. B. den Genkomplex A) näher betrachten, finden wir folgende mögliche Genloci:

A 1 mit den Allelen A 1 (dominantes Normalgen) und a 1 (rezessives Defektgen),

A 2 mit den Allelen A 2 (dominantes Normalgen) und a 2 (rezessives Defektgen),

A 3 mit den Allelen A 3 (dominantes Normalgen) und a 3 (rezessives Defektgen),

A 4 mit den Allelen A 4 (dominantes Normalgen) und a 4 (rezessives Defektgen),

A 5 mit den Allelen A 5 (dominantes Normalgen) und a 5 (rezessives Defektgen).

In den vier anderen Genkomplexen finden wir dieselben Verhältnisse vor.

Damit nun ein Genkomplex eine Schadwirkung ausüben kann, muß innerhalb dieses Genkomplexes ein gewisser Schwellenwert an Defektgenen überschritten werden. Wenn wir annehmen, daß dieser Schwellenwert bei zwei mit Defektgenen besetzten Genloci liegt, dann würde sich in bezug auf den Genkomplex A folgendes Bild ergeben:

Genotyp					*Schadwirkung*
A1	A2	A3	A4	A5	keine
A1	A2	A3	A4	A5	
A1	A2	A3	A4	**a5**	keine
A2	A2	A3	A4	**a5**	
A1	A2	A3	**a4**	**a5**	keine
A1	A2	A3	**a4**	**a5**	
A1	A2	**a3**	**a4**	**a5**	leichte
A1	A2	**a3**	**a4**	**a5**	
A1	**a2**	**a3**	**a4**	**a5**	mittlere
A1	**a2**	**a3**	**a4**	**a5**	
a1	**a2**	**a3**	**a4**	**a5**	schwere
a1	**a2**	**a3**	**a4**	**a5**	

Zu beachten ist des weiteren, daß die **phänotypische** Schadwirkung z. B. folgender Genotypen identisch ist:

A1	A2	A3	**a4**	**a5**	gleiche Schadwirkung	A1	A2	A3	**a4**	**a5**
A1	A2	A3	**a4**	**a5**	wie	**a1**	**a2**	**a3**	**a4**	**a5**

Innerhalb eines Genkomplexes ist die Schadwirkung einzelner Defektgene in vielen Fällen positionsneutral, das heißt, daß ein einzelnes Defektgen unabhängig von seiner Position den gleichen Anteil an der Schadwirkung des gesamten Genkomplexes hat:

A1	A2	**a3**	**a4**	**a5**	gleiche Schadwirkung	**a1**	**a2**	**a3**	A4	A5
A1	A2	**a3**	**a4**	**a5**	wie	**a1**	**a2**	**a3**	A4	A5

Für die anderen vier Genkomplexe gelten grundsätzlich wieder die gleichen Überlegungen wie für den Genkomplex A.

Nun genügt aber die Schadwirkung eines einzelnen Genkomplexes noch nicht, um das phänotypische Bild der HD hervorzurufen. Auch in bezug auf alle beteiligten Genkomplexe muß wieder ein bestimmter Schwellenwert an Schadwirkungen überschritten werden, um tatsächlich zum klinischen bzw. röntgenologischen Bild der HD zu führen. Wir wollen wiederum annehmen, daß der Schwellenwert bei zwei Genkomplexen mit Schadwirkung liegt und vorläufig die Varianz innerhalb der Schadwirkung außer acht lassen. Es würde sich somit folgende Situation ergeben:

Genkomplex	*Schadwirkung*	HD
A	keine	
B	keine	
C	keine	frei
D	keine	
E	keine	
A	ja	
B	keine	
C	keine	frei
D	keine	
E	keine	
A	ja	
B	ja	
C	keine	frei
D	keine	
E	keine	
A	ja	
B	ja	
C	ja	leicht
D	keine	
E	keine	
A	ja	
B	ja	
C	ja	mittel
D	ja	
E	keine	

Genkomplex	*Schadwirkung*	HD
A	ja	
B	ja	
C	ja	schwer
D	ja	
E	ja	

Grundsätzlich ist auch hier anzunehmen, daß die Schadwirkung der einzelnen Genkomplexe positionsneutral ist. Sicherlich ist aber der Anteil einzelner Genkomplexe an der Gesamtschadwirkung unterschiedlich groß. So wäre z. B. anzunehmen, daß sich im Genkomplex A (Ausbildung der knöchernen Bestandteile des Hüftgelenks) und im Genkomplex B (Ausbildung der knorpeligen Bestandteile des Hüftgelenks) eine vorhandene Schadwirkung stärker auf das Gesamtbild der HD auswirkt als eine Schadwirkung im Genkomplex E (Winkelung der Hinterhand).

Selbstverständlich wird das Gesamtbild der HD auch modifiziert durch die unterschiedlichen Schadwirkungen in den einzelnen Genkomplexen, so daß z. B. schwere Schadwirkungen in zwei Genkomplexen sich phänotypisch ähnlich auswirken wie leichte Schadwirkungen in vier Genkomplexen.

In jedem Fall muß man sich darüber im klaren sein, daß das präsentierte Denkmodell zwar die grundsätzlichen Zusammenhänge erklären kann, daß diese aber tatsächlich noch wesentlich komplexer sind.

Im Rahmen der praktischen Zuchtarbeit ergeben sich aus den dargestellten Zusammenhängen dann Probleme, wenn eine Selektion gegen HD nur auf dem Zuchtausschluß nicht HD-freier Elterntiere beruht. Wenn wir wieder nur einen einzelnen Genkomplex näher betrachten, könnte sich folgendes Bild ergeben:

Genotyp Vater	*Genotyp Mutter*
A1 A2 A3 **a4** **a5**	**a1** **a2** A3 A4 A5
a1 **a2** **a3** **a4** **a5**	**a1** **a2** **a3** **a4** **a5**
keine Schadwirkung	keine Schadwirkung

Genotyp Nachkomme

a1 **a2** A3 **a4** **a5**
a1 **a2** A3 **a4** **a5**
mittlere Schadwirkung

In diesem Fall hätte der Nachkomme zufällig von seinen phänotypisch gesunden aber genetisch belasteten Eltern soviel Defektgene geerbt, daß in bezug auf den Genkomplex A eine phänotypische Schadwirkung auftritt. Diese Genkombination beim Nachkommen in unserem Beispiel ist natürlich nur eine von vielen möglichen, führt aber dazu, daß Eltern, deren Genotyp noch keine phänotypische Schadwirkung bedingt, Nachkommen produzieren können, deren Genotyp bereits im Bereich von phänotypischen Schadwirkungen liegt.

Wenn wir nun alle fünf beteiligten Genkomplexe betrachten, könnte sich folgende Situation ergeben:

Vater Genkomplex	Schadwirkung	HD	*Mutter* Genkomplex	Schadwirkung	HD
A	keine		A	ja	
B	keine		B	ja	
C	keine	frei	C	keine	frei
D	ja		D	keine	
E	ja		E	keine	

Nachkomme Genkomplex	Schadwirkung	HD
A	ja	
B	ja	
C	keine	mittlere
D	ja	
E	ja	

Im Extremfall könnte sich auch folgendes Bild ergeben:

Vater Genkompelx	Schadwirkung	HD	*Mutter* Genkomplex	Schadwirkung	HD
A	keine		A	keine	
B	keine		B	keine	
C	keine	frei	C	keine	frei
D	keine		D	keine	
E	keine		E	keine	

Nachkomme Genkomplex	Schadwirkung	HD
A	ja	
B	ja	
C	ja	schwer
D	ja	
E	ja	

So kompliziert diese Überlegungen erscheinen, sind sie doch notwendig, um eine wesentliche Schlußfolgerung zu ziehen:

Die klinische und röntgenologische HD-Freiheit der Zuchttiere allein ist keine Garantie für HD-Freiheit ihrer Nachkommen.

Eine weitere Komplikation bei der züchterischen Bekämpfung der HD ergibt sich aus der Tatsache, daß die Ausbildung des Hüftgelenks nicht allein auf genetischen Faktoren beruht. Wie bei vielen anderen Merkmalen auch, beeinflußt die Umwelt durch verschiedene Faktoren die Entwicklung des Hüftgelenks. So kann die Ausprägung des Hüftgelenkes durch Menge und Zusammensetzung des Futters, durch Bewegung allein oder mit Spielkameraden, durch Aufenthalt hauptsächlich im Freien oder in einer Wohnung etc. entscheidend beeinflußt werden.

Es ist somit durchaus möglich, daß Tiere, die genetisch gesehen sowohl quantitativ als auch qualitativ mit ihrer Defektgen-Ausstattung über dem Schwellenwert liegen, niemals das phänotypische Bild einer HD zeigen, wenn sie unter – in bezug auf HD – optimalen Umweltbedingungen heranwachsen.

Populationsgenetisch ist die Ausbildung des Hüftgelenkes den Merkmalen mit mittlerer Heritabilität zuzuordnen. Das bedeutet aber, daß nur mit etwa 50%iger Sicherheit der Genotyp aus dem Phänotyp erkennbar ist.

50% des Genotyps können also, abgesehen von den schon erwähnten Dominanz- und Schwellenwerteffekten, durch Umwelteinflüsse modifiziert und damit verschleiert werden.

Eine genauere Abklärung des Genotyps ließe sich erreichen, wenn alle Hunde unter genau den gleichen Umweltbedingungen aufgezogen und gehalten würden. Das würde aber bedeuten, daß bereits die Mütter in der gleichen Umwelt ihre Trächtigkeit erleben müßten, die Junghunde müßten in der gleichen Umwelt aufwachsen, das gleiche Futter in Qualität und Quantität bekommen, die gleiche Bewegung – ebenfalls qualitativ und quantitativ – absolvieren und dann bis zur Selektionsentscheidung in genau der gleichen Art und Weise leben. Diese Bedingungen sind allenfalls in der Nutztierzucht annähernd zu erreichen, in der Hundezucht ist es aber nahezu unmöglich, die genannten Forderungen zu erfüllen.

Das genetische Bild wird somit nicht nur durch dominante bzw. rezessive Genwirkungen, quantitative und qualitative Schwellenwerteffekte, sondern auch noch durch unterschiedliche Umwelteinflüsse verschleiert.

In diesem Zusammenhang könnte eine standardisierte Belastungsprüfung – wie anfangs erwähnt – helfen, den Einfluß verschleiernder Umweltfaktoren zu kompensieren und damit die genetische Veranlagung des Einzeltieres transparenter zu machen.

Wie eine solche Belastungsprüfung in der Praxis durchgeführt wird, müßte dem Entscheidungsbereich der einzelnen Zuchtverbände überlassen bleiben – wichtig ist nur, daß alle Hunde einer Zuchtpopulation unter gleichen Bedingungen geprüft werden.

Das Ausmaß aller verschleiernden Effekte läßt sich populationsspezifisch rechnerisch relativ einfach ermitteln:

Die Heritabilität stellt sich definitionsgemäß als Anteil der additiv genetischen Varianz an der phänotypischen Gesamtvarianz eines Merkmals dar und gibt einen Hinweis darauf, mit welcher Wahrscheinlichkeit ein bei den Eltern vorhandenes Merkmal bei den Nachkommen in der gleichen Form auftritt. Bezogen auf die Ausbildung des Hüftgelenks gibt die Heritabilität die Wahrscheinlichkeit an, mit der zwei Elterntiere mit einer bestimmten Hüftgelenksform Nachkommen mit der gleichen Hüftgelenksausbildung produzieren. Da diese Wahrscheinlichkeit aber, wie besprochen, nicht nur vom Anteil der genetischen Varianz an der phänotypischen Varianz beeinflußt wird, sondern darüber hinaus auch von Geninteraktionen sowie von quantitativen und qualitativen Schwellenwerteffekten, gibt die rechnerisch ermittelte Heritabilität im Fall der Hüftgelenksausbildung nicht nur Auskunft über den genetischen Anteil an der Ausprägung des Merkmals, sondern auch über die wahrscheinliche genetische Belastung der Zuchttiere mit Defektgenen.

Als Methode zur Schätzung der Heritabilität bietet sich eine von WEGNER (1979) beschriebene Methode an, die zur Schätzung der Heritabilität qualitativ verteilter Merkmale verwendet werden kann. Diese Methode beruht grundsätzlich auf einem Vergleich der Häufigkeit merkmalstragender Nachkommen bei verschiedenen Paarungskombinationen merkmalstragender und nichtmerkmalstragender Elterntiere. Die dieser Methode zugrundeliegende Überlegung ist folgende:

Je höher die Heritabilität eines Merkmals ist, um so größer ist der Unterschied im Anteil merkmalstragender Nachkommen zwischen der Paarung von Eltern, die das betreffende Merkmal tragen, und Eltern, die es nicht tragen.

Wenn wir als fragliches Merkmal die Ausbildung des Hüftgelenks nehmen, ergeben sich – ohne Berücksichtigung unterschiedlicher HD-Grade – folgende Paarungskombinationen:

Mutter		*Vater*
HD-frei	×	HD-frei
HD-frei	×	HD
HD	×	HD-frei
HD	×	HD

In einem Paarungsviereck wird der relative Anteil von Nachkommen, die die fragliche Variante des betreffenden Merkmals tragen – in unserem Beispiel also die Variante HD-frei – eingetragen. Es könnte sich nun z. B. folgende Verteilung ergeben:

		Vater HD-frei	HD
Mutter:	HD-frei	90 % frei	55 % frei
	HD	70 % frei	30 % frei

Die Heritabilität ergibt sich aus der Summe der durchschnittlichen Häufigkeitsunterschiede HD-freier Nachkommen zwischen den Paarungen HD-freier und nicht HD-freier Elterntiere.

Es müssen dazu vier Einzeldifferenzen berechnet werden:

1 HD-freie Mütter: Unterschied zwischen der Paarung mit HD-freien und nicht HD-freien Vätern = 90 % − 55 % = **35 %**

2 nicht HD-freie Mütter: Unterschied zwischen der Paarung mit HD-freien und nicht HD-freien Vätern = 70 % − 30 % = **40 %**

3 HD-freie Väter: Unterschied zwischen der Paarung mit HD-freien und nicht HD-freien Müttern = 90 % − 70 % = **20 %**

4 nicht HD-freie Väter: Unterschied zwischen der Paarung mit HD-freien und nicht HD-freien Müttern = 55 % − 30 % = **25 %**.

Die Heritabilität ergibt sich aus der Summe des arithmetischen Mittels von 1 und 2 und des arithmetischen Mittels von 3 und 4.

In unserem Beispiel wäre der Heritabilitätswert somit:

$([35+40]:2) + ([20+25]:2) = 37{,}5 + 22{,}5 =$ **60 %**.

In der fiktiven Population, die unserem Beispiel zugrunde liegt, ergibt sich somit eine Heritabilität der Ausprägung des Hüftgelenks von 60 %. Das bedeutet gleichzeitig, daß 40 % der genetischen Grundlage der Hüftgelenksausbildung durch Genwechselwirkungen und Schwellenwerteffekte sowie durch Umwelteinflüsse verschleiert wird.

Ein auf diese Weise ermittelter Heritabilitätswert sowie alle daraus resultierenden Interpretationen gelten grundsätzlich immer nur für die Population, in der sie berechnet wurden und sind auch in der betreffenden Population nur als populationsgenetische Momentaufnahme zu betrachten.

Das in unserem Beispiel berechnete Ergebnis könnte man auch folgendermaßen interpretieren:

Von 100 Tieren, die phänotypisch HD-frei sind, sind nur 60 auch genetisch unbelastet. Die restlichen 40 tragen Defektgene, die entweder von dominanten Normalgenen kompensiert werden oder anteilsmäßig den Schwellenwert nicht überschreiten oder durch günstige Umwelteinflüsse verdeckt werden und die sie bei allfälligem Zuchteinsatz an ihre Nachkommen weitergeben können.

Und wieder kommen wir zu der schon einmal gezogenen Schlußfolgerung:

Die klinische und röntgenologische HD-Freiheit der Zuchttiere allein ist keine Garantie für HD-Freiheit ihrer Nachkommen.

Eine exakte Heritabilitätsschätzung und damit eine genaue Information über die relative genetische Belastung der Zuchttiere wird dadurch erschwert, daß die HD kein Merkmal ist, das nach dem „Alles-oder-nichts"-Gesetz verteilt ist, wie es die obige Berechnung voraussetzen würde. Im Gegenteil, bei den nicht HD-freien Tieren liegt eine stufenlose Variation des Krankheitsbildes vor, die von einer grundsätzlich ebenfalls stufenlosen Variation in Anzahl und Wirkung der betreffenden Defektgene determiniert wird. Ein weiteres Problem, das bei jedem Versuch, die Heritabilität der HD – oder auch eines anderen genetischen Defektes beim Hund – zu schätzen, auftritt, ist die Unvollständigkeit der zur Verfügung stehenden Daten. Ein relativer Anteil HD-freier Nachkommen bei verschiedenen Paarungskombinationen kann nur dann ermittelt werden, wenn von allen in Frage kommenden Nachkommen vergleichbare Untersuchungsergebnisse zur Verfügung stehen. Gerade in der Hundezucht ist eine solche Situation aber so gut wie nie gegeben, da nach dem Verkauf der Jungtiere diese meist weit verstreut sind und die neuen Besitzer selten vollständig zu den notwendigen Untersuchungen motiviert werden können. Besonders Junghunde, die schon früh klinische Symptome einer HD zeigen, werden erst gar nicht zur offiziellen röntgenologischen Untersuchung vorgestellt. Auch Geschwister solcher Hunde oder Geschwister von röntgenologisch als nicht HD-frei diagnostizierten Hunden werden oft nicht untersucht, so daß die tatsächlich zu einer Untersuchung kommenden Hunde eigentlich nur eine vorselektierte Stichprobe der gesamten Nachkommenschaft darstellen. Die tatsächliche Häufigkeit HD-freier Nachkommen liegt somit in den meisten Fällen niedriger als im Rahmen der Heritabilitätsschätzung berücksichtigt werden kann. Dadurch verändern sich die Unterschiede in der Häufigkeit HD-freier Nachkommen und damit verändert sich auch der geschätzte Heritabilitätswert.

Analog der obigen Interpretation sind es dann nicht 60 % der phänotypisch HD-freien Tiere, die genetisch unbelastet sind, sondern entsprechend weniger, und es sind daher nicht nur 40 % der phänotypisch HD-freien Tiere, die genetisch belastet sind, sondern entsprechend mehr.

Eine weitere Fehlerquelle bei der Schätzung der Heritabilität der Hüftgelenksausbildung ergibt sich aus der Problematik der Erstellung und Interpretation der Röntgenbefunde. Die Durchführung der Röntgenuntersuchung ist vom populationsgenetischen Standpunkt als Umwelteinfluß einzuordnen. Es gilt damit für die Röntgenuntersuchung dasselbe wie für Umwelteinflüsse allgemein. Nur wenn alle Hunde unter genau den gleichen Bedingungen untersucht werden, kommt es zu keiner Verfälschung der genetischen Unterschiede zwischen den Hunden durch die Untersuchung.

Es kann daher die Bedeutung einer möglichst objektivierbaren und standardisierten Untersuchungstechnik nicht wichtig genug eingeschätzt werden.

Jede Ungenauigkeit in der individuellen Untersuchung verstärkt die Verschleierung der genetischen Grundlage eines HD-Befundes.

Vom populationsgenetischen Standpunkt her wäre das Optimum eine Untersuchung aller Hunde einer Zuchtpopulation durch eine einzige Untersuchungsstelle, durch einen einzigen Untersucher und immer mit demselben Gerät.

Da diese Forderung in der Praxis natürlich undurchführbar ist, wäre es wünschenswert, daß die verschiedenen Untersucher ihre Techniken immer wieder aufeinander abstimmen, daß durch Vergleichsuntersuchungen immer wieder die Genauigkeit und Wiederholbarkeit der Befundung überprüft wird und daß vor allem wirklich jeder Untersucher die Befundung möglichst objektiv und unbeeinflußt durchführt.

Die erforderlichen züchterischen Maßnahmen für eine möglichst effektive Bekämpfung der HD ergeben sich aus dem bisher Gesagten. Die züchterische Mindestanforderung ist die HD-Untersuchung aller zur Zucht vorgesehenen Hunde, wobei nur bei einer möglichst objektiven Befundung ein maximal möglicher Anteil der genetisch belasteten Tiere entdeckt wird. Die Untersuchung der Zuchttiere ist aber nur dann sinnvoll, wenn auch die züchterischen Konsequenzen gezogen werden und Tiere, die nicht HD-frei sind, nicht zur Zucht verwendet werden.

Da man über die Untersuchung der Zuchttiere allein aber nur einen relativen Anteil der genetisch belasteten Tiere findet – der Anteil hängt von der in jeder einzelnen Population zu ermittelnden Heritabilität der Hüftgelenksausbildung ab – ist es mit Hilfe der röntgenologischen Untersuchung der Zuchttiere allein nicht möglich, alle genetisch belasteten Tiere zu finden und aus der Zucht auszuscheiden. Damit ist aber der Zuchtausschluß von nicht HD-freien Tieren allein auch noch keine Maßnahme, die effektiv genug ist, um das Problem der HD wirklich in den Griff zu bekommen.

Da nur der Phänotyp der Nachkommen eine Aussage über die tatsächliche genetische Belastung der Zuchttiere zuläßt, bringt eine züchterische Bekämpfung der HD nur dann den optimalen Erfolg, wenn auch die HD-Befunde der Nachkommen als Selektionsgrundlage für die Eltern herangezogen werden.

Dieser Forderung liegt folgende Überlegung zugrunde:
Tiere, die phänotypisch das Bild der HD zeigen, sind in jedem Fall als Träger von Defektgenen anzusehen, da eine phänotypische Manifestation des Defektes nur möglich ist, wenn Defektgene in einer Anzahl vorhanden sind, die die qualitativen und quantitativen Schwellenwerte überschreiten.

Da jedes Tier die Hälfte seiner genetischen Information vom Vater und die andere Hälfte von der Mutter bezieht, sind damit beide Elternteile – auch wenn sie selber phänotypisch HD-frei sind – als sichere Träger von Defektgenen erkannt. Selbstverständlich sind auch HD-freie Geschwister von nicht HD-freien Tieren mit großer Wahrscheinlichkeit als Defektgenträger anzusehen, da sie zumindest teilweise gleiche Gene tragen, wie ihre nicht HD-freien Geschwister.

Verwendet man daher Eltern oder Geschwister von nicht HD-freien Tieren zur Zucht, dann ist die Wahrscheinlichkeit, daß diese Zuchttiere Defektgene tragen, nicht entsprechend der populationsspezifischen Heritabilität z. B. 40 %, sondern 100 % bei den Eltern und nur knapp unter 100 % bei den Geschwistern.

Der züchterische Einsatz von Verwandten nicht HD-freier Tiere ist somit genau genommen als bewußte züchterische Verwendung von Defektgenträgern anzusehen.

Der praktische Ablauf einer Selektion gegen HD in einer Hundepopulation sollte daher folgendermaßen aussehen:

1. Selektionsschritt: **Untersuchung aller Zuchttiere** und Zuchtausschluß aller nicht HD-freien Tiere.
2. Selektionsschritt: **Untersuchung aller Nachkommen** und Zuchtausschluß derjenigen Elterntiere mitsamt ihren Nachkommen, die nicht ausschließlich HD-freie Nachkommen produziert haben.

Auf diese Weise wäre grundsätzlich die HD in jeder Hundepopulation in relativ kurzer Zeit auszumerzen.

Leider läßt sich diese theoretisch optimale Vorgangsweise kaum in die Praxis umsetzen. Gerade in der Hundezucht gibt es eine Reihe von Faktoren, die eine wirklich effektive Selektion in jeder Hinsicht unmöglich machen.

Als wichtigster dieser Faktoren ist die Tatsache zu nennen, daß in der Hundezucht die eigentlichen Zuchtpopulationen im allgemeinen nur ein oder zwei Zuchttiere umfassen. Da die Hundezucht fast ausschließlich in privater Hand ist, werden die tatsächlichen züchterischen Entscheidungen vom jeweiligen Einzelzüchter getroffen, der normalerweise nicht mehr als einen oder höchstens zwei Hunde hat. Und selbst der einsichtige und informierte Züchter tut sich schwer mit einer negativen Selektionsentscheidung, die seinen eigenen Hund betrifft. Die Konsequenzen eines tatsächlichen Zuchtausschlusses sind für den Einzelzüchter wesentlich schwerwiegender als für den Besitzer einer größeren Zuchtgruppe, wie es unter Bedingungen der Nutztierzucht gegeben ist. Der Einzelzüchter kann seinen nicht zuchttauglichen Hund nur entweder abschaffen, eine Entscheidung, die gerade im Rahmen der Hundehaltung nur in Ausnahmefällen getroffen wird, oder er muß auf die züchterische Tätigkeit für die Lebensdauer seines Hundes verzichten, ein Entschluß, der gerade passionierten Züchtern schwerfällt. Der Ausweg eines zusätzlichen Zuchttieres ist nur in wenigen Ausnahmefällen möglich. Er scheitert meist aus finanziellen oder räumlichen Gründen.

Die logische Konsequenz aus dieser Problematik ist die Verwendung von Hunden zur Zucht, die nicht für die Zucht geeignet sind. So menschlich verständlich diese Vorgangsweise ist, so hat sie doch katastrophale züchterische Konsequenzen. Nicht nur, daß eine effektive züchterische Bekämpfung der HD – oder jedes anderen genetischen Defektes – damit ausgeschlossen ist, sondern es werden darüberhinaus mit dieser Zuchtpraxis die vorhandenen Defektgene noch weiter in der Population verteilt. Die Folge ist eine Anhäufung der Defektgene in der Population, die zu einer Anhäufung von nicht HD-freien Hunden führt. Die traurigen Konsequenzen sind bereits in vielen Hundepopulationen offenkundig: Tiere mit HD kommen in einer so großen Häufigkeit vor, daß jede scharfe Selektion dagegen unmöglich ist, wenn man nicht die Rasse endgültig zum Aussterben verurteilen will.

Die notwendige Antwort der Zuchtverbände auf eine solche Situation ist die Zuchtzulassung von Tieren mit leichter oder sogar mittlerer HD; und auch wenn solche Tiere nur mit HD-freien Partnern gepaart werden dürfen, ist eine solche Maßnahme züchterisch gesehen als Resignation gegenüber den Defektgenen aufzufassen, die die Bereitschaft inkludiert, kranke Tiere zu züchten und zu halten.

Die Gefahr der Resignation ist sicher auch gegeben, wenn man sich die Unmöglichkeit der effektivsten Form der HD-Bekämpfung – Selektion nicht nur nach dem individuellen Befund der Zuchttiere, sondern zusätzlich nach den möglichst vollständigen HD-Befunden aller Nachkommen – in der Hundezucht vor Augen hält. Zur Resignation ist aber aus populationsgenetischer Sicht kein Anlaß gegeben und es gilt:

„Wenn die beste Methode nicht durchführbar ist, dann ist es besser, die zweitbeste Methode zu wählen als überhaupt nichts zu tun."

Die zweitbeste Methode aus populationsgenetischer Sicht ist die Selektion nach den individuellen Befunden der Zuchttiere, und wir wollen uns nun – basierend auf den bisherigen Überlegungen – mit den Konsequenzen dieser Zuchtmethodik auseinandersetzen.

Noch einmal zur besten Methode: Bei Befunderhebung aller Nachkommen und rigorosem Zuchtausschluß aller Tiere, die nicht ausschließlich HD-freie Nachkommen produziert haben, kann man – mit einer populationsspezifischen Fehlerquote – davon ausgehen, daß nur genetisch unbelastete Tiere zur Zucht verwendet werden. In diesem Fall werden von der Elterngeneration keine Defektgene an die nächste Generation weitergegeben – die nächste Generation ist daher genetisch und phänotypisch defektfrei. Mit dieser Methode könnte man also – unter der Voraussetzung, daß noch genügend genetisch unbelastete Tiere für die Zucht zur Verfügung stehen – innerhalb einer einzigen Generation theoretisch die Population sanieren.

Wie sieht die zweitbeste Methode aus:

Wenn wir von unserer obigen fiktiven Zuchtpopulation ausgehen, können wir damit rechnen, daß bei einer ermittelten Heritabilität der Hüftgelenksausbildung von 60 % jedes einzelne HD-freie Tier mit 60 % Wahrscheinlichkeit defektgenfrei ist. Die Wahrscheinlichkeit, daß ein phänotypisch HD-freies Tier Defektgene trägt, ist daher 40 %. Die Wahrscheinlichkeit, daß bei einer Paarung zweier HD-freier Tiere beide Paarungspartner Defektgene tragen ist 40 % mal 40 % das ist 16 %. Im ungünstigsten Fall geben beide Paarungspartner alle ihre Defektgene an die Nachkommen weiter, im günstigsten Fall werden keine Defektgene an die Nachkommen weitergegeben. Die Wahrscheinlichkeit, daß ein HD-freier Nachkomme einer solchen Paarung Defektgene trägt bzw. die Wahrscheinlichkeit, daß bei einer solchen Paarung nicht HD-freie Nachkommen auftreten, liegt daher nur mehr bei etwa 8 %.

Bei ausschließlicher Zuchtverwendung HD-freier Tiere kann man daher binnen einer Generation die Frequenz der Defektgene drastisch senken.

Bei weiterer konsequenter Selektion und Zuchtausschluß aller nicht HD-freien Tiere kann man in 3 bis 4 Generationen die Wahrscheinlichkeit, daß ein HD-freies Tier Defektgene trägt und damit auch die Wahrscheinlichkeit, daß bei Paarung zweier HD-freier Tiere nicht HD-freie Nachkommen auftreten, auf unter 1 % senken.

Dem Erfolg der besten Zuchtmethode – Reduktion der HD-Wahrscheinlichkeit auf Null innerhalb einer einzigen Generation – steht somit der Erfolg der zweitbesten Methode – Reduktion der HD-Wahrscheinlichkeit auf unter 1 % innerhalb von 3 bis 4 Generationen – gegenüber.

Wie wirkt sich nun aber die in der züchterischen Praxis ebenfalls häufig verwendete drittbeste Methode aus. Dabei werden Tiere mit leichter oder sogar mittlerer HD zur Zucht verwendet unter der Auflage, sie nur mit HD-freien Tieren zu paaren. Die Wahrscheinlichkeit, daß der HD-freie Paarungspartner Defektgene trägt, ist wieder mit 40 % anzunehmen. Die Wahrscheinlichkeit, daß bei Paarung eines HD-freien Tieres mit einem nicht HD-freien Tier beide Paarungspartner Defektgene tragen ist daher 40 % mal 100 %, das ergibt 40 %. Im ungünstigsten Fall gibt der HD-freie Elternteil alle seine Defektgene an die Nachkommen weiter, im günstigsten Fall gibt er keine Defektgene weiter. Der nicht HD-freie Elternteil gibt in jedem Fall zumindest die Anzahl an Defektgenen weiter, die in homozygoter Form für die Ausprägung der HD bei ihm verantwortlich sind. Statistisch gesehen ist daher die Wahrscheinlichkeit, daß bei der Paarung HD-freier Tiere mit Tieren, die nicht HD-frei sind, HD-behaftete Nachkommen geboren werden, etwa 20 %. Die Wahrscheinlichkeit, daß phänotypisch HD-freie Nachkommen Defektgene tragen, ist allerdings nicht ebenfalls nur 20 %, sondern 100 %, da jeder einzelne Nachkomme von seinem nicht HD-freien Elternteil zumindest jenen Anteil an Defektgenen geerbt hat, der bei diesem in homozygoter Form den Schwellenwert zur phänotypischen Manifestation überschritten hat. Nicht berücksichtigt sind bei dieser Überlegung jene allenfalls vorhandenen Defektgene, die in heterozygoter Form an Genloki ohne phänotypische Schadwirkungen vorhanden sind.

Tatsächlich wird daher im Rahmen dieser „drittbesten Methode“ die Häufigkeit der HD-verursachenden Defektgene in vielen Fällen nicht reduziert, sondern sogar erhöht. Die Folge ist ein Anstieg der HD-Häufigkeit in der Population.

Nur in Populationen, in denen HD bereits so verbreitet ist, daß nicht mehr ausreichend HD-freie Tiere zur Verfügung stehen, ist daher diese Methode zu verantworten, da sie immer noch besser ist, als gar nichts zu tun, das heißt, wahllos Tiere mit HD unterschiedlichen Ausmaßes zu paaren.

All diese Berechnungen sind vom streng wissenschaftlichen Standpunkt sicher nur als „Milchmädchenrechnungen“ einzustufen, da die komplexe polygene Beeinflussung der HD sowie die gerade in der Hundezucht kaum abzuschätzenden Umwelteinflüsse die berechneten Werte stark verfälschen können. Außerdem sind Hundezuchtpopulationen statistisch gesehen kleine Populationen, in denen sich durch zufällige Abweichungen die tatsächlichen Verhältnisse wesentlich von den erwarteten unterscheiden können.

Dennoch erscheinen mir diese Überlegungen geeignet, die Problematik der jeweils angewendeten Selektionsmethode zu beleuchten und ihre Vor- und Nachteile realistisch gegeneinander abzuwägen.

Nicht immer haben die Zuchtverbände freie Wahl zwischen den drei genannten züchterischen Möglichkeiten.

In allen Populationen, in denen die HD eine so große Verbreitung hat, daß weniger HD-freie Tiere zur Verfügung stehen als mindestens zur Zucht verwendet werden müssen, um die Population zu erhalten, werden die „beste" und die „zweitbeste" Methode gar nicht zur Diskussion stehen können.

In diesen Fällen wird ein – zwar geringer – Selektionserfolg nur dann möglich sein, wenn die zur Zucht verwendeten nicht-HD-freien Tiere keine oder nur wenige rezessive Defektgene an den Genloci ohne phänotypische Schadwirkungen tragen. Nur dann wird eine Verbesserung der genetischen Situation überhaupt möglich sein.

Im anderen Fall bleiben solchen Populationen leider nur drei Möglichkeiten:

1. mit der HD leben
2. die Rasse aussterben lassen
3. HD-freie Zuchttiere aus phänotypisch ähnlichen Rassen einkreuzen.

Damit eine Rasse gar nicht erst in eine solche ausweglose Situation kommt, ist es wichtig, so früh wie möglich konsequente züchterische Maßnahmen zu setzen und damit die Ausbreitung der HD-verursachenden Defektgene bereits in den Anfängen zu unterbinden.

Ein weiterer populationsgenetischer Aspekt ergibt sich aus der in der HD-Diagnostik üblichen graduellen Beurteilung der Schwere des Krankheitsbildes.

Von der populationsgenetischen Seite gesehen ist jedes Tier, das nicht klar und eindeutig HD-frei ist, als Träger von Defektgenen anzusehen.

Basierend auf der Schwellenwertgrundlage bedeutet auch das Vorliegen einer leichten HD, daß das betreffende Tier Defektgene in einem Ausmaß trägt, das sowohl quantitativ als auch qualitativ über dem genetischen Schwellenwert liegt. Die graduelle Sortierung der nicht HD-freien Tiere mag für die klinische Prognostik bzw. für statistische Erhebungen und genetische Untersuchungen von Bedeutung sein, für eine effektive züchterische Bekämpfung genügt eine klare Unterscheidung zwischen HD-freien Tieren und nicht HD-freien Tieren.

Der als Abschluß zusammengestellte Maßnahmenkatalog zu einer möglichst effektiven züchterischen Bekämpfung der HD ist als Zusammenfassung der wichtigsten Punkte dieses Kapitels zu sehen und ermöglicht bei konsequenter Beachtung aller Punkte eine bestmögliche züchterische Bearbeitung der Erbkrankheit HD in allen Hundezuchtpopulationen.

Maßnahmenkatalog zur möglichst effektiven züchterischen Bekämpfung der HD.

1. Möglichst vollständige HD-Befundung aller Zuchttiere unter Beachtung folgender Punkte:
   a) objektive und vergleichbare Befundung – daher wichtig: ständige Überprüfung und Anpassung der Prüfmethoden,
   b) allenfalls standardisierte Belastungsprüfungen.
2. Ausschluß aller nicht HD-freien Tiere aus der Zucht.
3. Möglichst vollständige HD-Befundung aller Nachkommen der Zuchttiere mit dem Ziel:
   a) den populationsspezifischen Heritabilitätswert für die Ausbildung des Hüftgelenks und damit den Anteil phänotypisch gesunder Defektgenträger zu ermitteln,
   b) phänotypisch gesunde Defektgenträger zu erkennen.
4. Zuchtausschluß aller aufgrund der HD-Befundung ihrer Nachkommen als Defektgenträger erkannten Zuchttiere sowie
5. Zuchtausschluß aller Geschwister von nicht HD-freien Tieren.
6. Erfassung und züchterische Beachtung von HD-begünstigenden Standardkriterien.
7. Rechtzeitige und konsequente züchterische Maßnahmen sichern möglichst große züchterische Effektivität.

Anhang

Muster eines HD-Benachrichtigungsbogens

Name und Adresse der Zentrale

Röntgenologische Untersuchung auf Hüftgelenksdysplasie

Besitzer:
Röntgenaufnahmen angefertigt am:
von:
Bemerkungen:

Daten des Hundes

Rasse:
Name:
Geschlecht:
Geburtsdatum:
Zuchtbuchnummer:
Tätowiernummer:

<table>
<tr><td colspan="15">Evaluation Bewertung Interpretation</td></tr>
<tr><td colspan="5">country
Land
pays</td><td colspan="10">classification (see backside)
Einstufung (siehe Rückseite)
classification (voir page suivante)</td></tr>
<tr><td>SF</td><td>NL</td><td>D</td><td>S</td><td>CH</td><td colspan="2">A</td><td colspan="2">B</td><td colspan="2">C</td><td colspan="2">D</td><td colspan="2">E</td></tr>
<tr><td></td><td></td><td></td><td></td><td></td><td>1</td><td>2</td><td>1</td><td>2</td><td>1</td><td>2</td><td>1</td><td>2</td><td>1</td><td>2</td></tr>
</table>

Besondere Bemerkungen

Die Unterzeichneten erklären:

1. Die Bewertung erfolgte durch die HD-Beurteilungsstelle in

   ----
   die von dem VDH anerkannt ist.
2. Das Verfahren entspricht den Richtlinien, die von der Hüftgelenksdysplasie-Kommission der FCI angegeben wurden.

--------------------------- Datum   --------------------------- Unterschrift

Rückseite eines HD-Benachrichtigungsbogens mit Vergleich der Bewertungen

<table>
<tr><th rowspan="2">Classification, Einstufung classification</th><th rowspan="2">Classification, Klassifizierung (Annexe II, Anlage II)</th><th colspan="5">Country – Land – Pays</th><th rowspan="2">Classification, Einstufung classification</th></tr>
<tr><th>SF Finnland</th><th>NL Niederlande</th><th>D Deutschland</th><th>S Schweden</th><th>CH Schweiz</th></tr>
<tr><td>A 1</td><td rowspan="2">No signs of hip dysplasia</td><td>Ei-dysplasiaa "hyvät"</td><td>Negatief geheel gaaf (1)</td><td rowspan="2">Kein Hinweis für HD</td><td>Utmark</td><td rowspan="3">Frei</td><td>A 1</td></tr>
<tr><td>A 2</td><td>Ei-dysplasiaa</td><td>Negatief niet geheel gaaf (2)</td><td rowspan="2">U.A.</td><td>A 2</td></tr>
<tr><td>B 1</td><td rowspan="2">Transitional case</td><td rowspan="2">Rajatapaus</td><td rowspan="2">Transitional case (Tc)</td><td rowspan="2">Übergangsform (verdächtig für HD)</td><td>B 1</td></tr>
<tr><td>B 2</td><td rowspan="3">I</td><td rowspan="3">I</td><td>B 2</td></tr>
<tr><td>C 1</td><td rowspan="2">Mild</td><td rowspan="2">I</td><td rowspan="2">Licht positief (3)</td><td rowspan="2">Leichte HD</td><td>C 1</td></tr>
<tr><td>C 2</td><td>C 2</td></tr>
<tr><td>D 1</td><td rowspan="2">Moderate</td><td rowspan="2">II</td><td>Positief (3½)</td><td rowspan="2">Mittlere HD</td><td rowspan="2">II</td><td rowspan="2">II</td><td>D 1</td></tr>
<tr><td>D 2</td><td rowspan="2">Positief (4)</td><td>D 2</td></tr>
<tr><td>E 1</td><td rowspan="2">Severe</td><td>III</td><td rowspan="2">Schwere HD</td><td>III</td><td>III</td><td>E 1</td></tr>
<tr><td>E 2</td><td>IV</td><td>Positief optima forma (5)</td><td>IV</td><td>IV</td><td>E 2</td></tr>
</table>

Muster eines HD-Auswertungsbogens

Rasse: Rüde ☐ Hündin ☐

Name des Hundes:

Zuchtbuch-Nr. Wurftag:

Tätowiernummer: Datum der Röntgenaufnahme:

Besitzer:

Anschrift:

Beurteilung – Röntgenaufnahme(n)

Technische Qualität:	gut ☐	nicht ausreichend ☐	ausreichend ☐
Lagerung:			geringfügig
Gestreckte Gliedmaßen	symmetrisch ☐	asymmetrisch ☐	☐
	gut gestreckt ☐	ungenügend ☐	☐
	gut eingedreht ☐	ungenügend ☐	☐
		übermäßig ☐	☐
	parallel zueinander ☐	ungenügend ☐	☐
Gebeugte Gliedmaßen	symmetrisch ☐	asymmetrisch ☐	☐
	Becken parallel z. Tisch ☐	nicht parallel ☐	☐
	Beine nach vorn ☐	Beine seitwärts ☐	☐
	Trochanter sichtbar ☐	verdeckt ☐	☐
Beckenpfanne			
Gesamteindruck	tief ☐	flach ☐	☐
Kraniale Pfannenkontur	strichförmig ☐	subchondr. Sklerose ☐	☐
Kraniolater. Pfannenrand	rund auslaufend ☐	abgeflacht ☐	☐
		mit Auflagerungen ☐	☐
Oberschenkelkopf			
Gesamteindruck	kugelförmig ☐	zu klein ☐	☐
		Kragenbildung ☐	☐
		Deformation ☐	☐
Gebeugte Gliedmaßen		Lippenbildung ☐	☐
Sitz des Kopfes in der Pfanne	tief ☐	lose ☐	☐
Oberschenkelhals	schlank ☐	walzenförmig ☐	☐
	vom Kopf abgesetzt ☐		
	scharf konturiert ☐	unscharf ☐	☐
		Auflagerungen ☐	☐
		Linie nach MORGAN ☐	☐
Gelenkspalt			
Gestreckte Gliedmaßen	konzentrisch ☐	divergierend ☐	☐
Gebeugte Gliedmaßen	konzentrisch ☐	divergierend ☐	☐
Zentrum des Femurkopfes	medial des dorsalen Pfannenrandes ☐	lateral ☐	auf dors. Pfannenrand ☐
Messung nach NORBERG	Winkel 105° o. größer ☐	kleiner als 105° ☐	
		kleiner als 100° ☐	
		kleiner als 90° ☐	

Beurteilung auf Hüftgelenkdysplasie

Kein Hinweis ☐	Übergangsform ☐	Leichte HD ☐	Mittlere HD ☐	Schwere HD
A1 ☐ A2 ☐	B1 ☐ B2 ☐	C1 ☐ C2 ☐	D1 ☐ D2 ☐	E1 ☐ E2 ☐

Datum/Unterschrift:

Entw.: Prof. Dr. HARTUNG, Prof. Dr. LOEFFLER, Dr. TELLHEIM, Dr. WITTEBORG, HD-Zentralen

Literatur

Bardens, J. W., H. Hardwick (1968): New observations on the diagnosis and cause of hip dysplasia. Vet. Med. Small Anim. Clin. **63**, 238 – 245

Belfield, W. O. (1971): The dysplastic dog can be helped. Vet. Med. Small Anim. Clin. **66**, 883 – 886

– (1976): Chronic subclinical scurvy and canine hip dysplasia. Vet. Med. Small Anim. Clin. **71**, 1399 – 1403

Berge, E. (1957): Die angeborene Hüftgelenksdysplasie beim Hund. Dtsch. tierärztl. Wschr. **64**, 509

Bowen, M., R. E. Lewis, K. Kneller, R. C. Wilson, A. Arnold (1972): Progression of hip dysplasia in German Shepherd Dogs after unilateral pectieal myotomy. J. Am. Vet. Med. Assoc. **161**, 899 – 904

Boxer-Club e.V. (1989): HD-Übersicht von 1978 – 1987. Boxer Blätter **85**, 88

Brass, W., U. Freudiger, L. F. Müller, S. Paatsama, N. A. van der Velden, C. C. van de Watering (1978): Bericht der Hüftgelenkdysplasie-Kommission. Kleintierpraxis **23**, 169 – 180

Brass, W., S. Paatsama (1983): Hüftgelenksdysplasie. Internationales Zertifikat und Beurteilungen von Röntgenaufnahmen. FCI, Helsinki

Brinker, W. O. (1971): Corrective osteotomy procedures for treatment of canine hip dysplasia. Vet. Clin. North Amer. **1**, 467 – 477

Cardinet, H., M. M. Guffy, L. J. Wallace (1974): Canine hip dysplasia: Effect of pectineal myectomy on the coxofemoral joints of Greyhound and German Shepherd Dogs. J. Am. Vet. Med. Assoc. **165**, 529 – 532

Dämmrich, K. (1979): Wachstumsstörungen des Skeletts bei großwüchsigen Hunderassen. Effem-Forsch. Kleintiernahrung **9**, 1 – 7

David, Th. (1986): Dreifache Beckenosteotomie mit Pfannendachschwenkung. Prakt. Tierarzt **67**, 325 – 331

– (1987): Dreifach-Beckenosteotomie mit axialer horizontaler Pfannendachschwenkung. Kleintierpraxis **32**, 163 – 166

Ficus, H. J. (1978): Röntgendiagnostik in der Kleintierpraxis. Verlag F. Enke, Stuttgart

Freudiger, U., E. G. Grünbaum, E. Schimke (1986): Klinik der Hundekrankheiten. Verlag G. Fischer, Jena

Freudiger, U., J. L. Stauffer (1986): Hüftgelenksdysplasie. Bekämpfungsmaßnahmen der einzelnen Rasseklubs der SKG und Verlauf der HD-Frequenz der einzelnen Rassen seit Beginn der Bekämpfungsverfahren. Zschr. wiss. Kynol. **24**, Beilage zu HUNDE-Haltung, Zucht, Sport Nr. 13

Giger, U. (1979): Die Behandlung der Hüftgelenksdysplasie beim Hund und die Gelatine-Kappen-Arthroplastik. Diss. Vet. med., Zürich

Grøndalen, J., A. Hedhammar (1984): Ernährung schnellwachsender Junghunde unter besonderer Berücksichtigung von Skeletterkrankungen. In: Anderson, R. S., H. Meyer (Hrsg.): Ernährung und Verhalten von Hund und Katze. Schlütersche Verlagsanstalt

Hartung, K., Beate Münzer (1983): Über die Eigentumsrechte an Röntgenaufnahmen. Prakt. Tierarzt **64**, 194 – 196

Hedhammar, A., F.-M. Wu, L. Krook, H. F. Schryver, A. DeLahunta, J. P. Whalen, F. A. Kallfelz, E. A. Nunez, H. F. Hintz, B. E. Sheffy, G. D. Ryan (1974): Overnutrition and skeletal disease. An experimental study in growing Great Dane Dogs. Cornell Vet. **64**, Suppl. **5**, 1 – 160

Henricson, B., S. E. Olsson (1959): Hereditary acetabular dysplasia in German Shepherd Dogs. J. Am. Vet. Med. Ass. **135**, 207 – 209

Hohn, R. B., M. L. Olmstead, T. M. Turner, U. Matis (1986): Der Hüftgelenksersatz beim Hund. Tierärztl. Praxis **14**, 377 – 388

Kammerer, K. (1983): Aktuelle Notizen über die Hüftgelenksdysplasie beim Hund. Unser Rassehund **8**, 3 – 5; **9**, 6 – 7; **10**, 4

Kasström, H. (1975): Estrogens, nutrition and hip dysplasia in the dog. Diss. Royal Veterinary College, Stockholm

– (1975): Nutrition, weight gain and development of hip dysplasia. Acta Radiol. Supp. **344**, 135 – 179

Kealy, J. K. (1981): Röntgendiagnostik bei Hund und Katze. Verlag F. Enke, Stuttgart

Köppel, E. (1985): Entwicklungsformen des Hüftgelenkes und ihre Bedeutung für die Beurteilung auf Hüftgelenksdysplasie. 31. Jahrestagung der Fachgruppe Kleintierkrankheiten, Fellbach, 3. – 5. Oktober 1985. Dtsch. Vet. Med. Ges., 75 – 83

Küpper, W., B. Müller, U. Heim, H. J. Thissen, L. Walla (1989): Die Pfannendachplastik nach Sertl zur operativen Behandlung der Hüftgelenksdysplasie beim Hund. Kleintierprax. **34**, 357 – 360

Lakatos, L. (1974): Erste Erfahrungen mit der Variationsosteotomie bei Behandlung der Hüftgelenksdysplasie. Schweiz. Arch. Tierheilk. **116**, 653 – 657

Langheim, G. (1984): Bericht über den Stand der HD-Bekämpfungsmaßnahmen in den Rassezuchtvereinen. 5. Hohenheimer Kynologische Diskussionstagung 28./29. 01. 1984 Universität Hohenheim, Institut für Tiermedizin und Tierhygiene

LAWSON, D. D. (1971): The treatment of canine degenerative joint disease. J. Small Anim. Pract. **12,** 101 – 103

LOEFFLER, K. (1979): Hüftgelenksdysplasie beim Hund. Probleme bei der Röntgendiagnose. Tierärztl. Praxis **7,** 229 – 238

LOEFFLER, K., R. NIEDERMEYER (1980): Röntgenkontrollen bei Hunden mit Hüftgelenksdysplasie. 26. Jahrestagung der Fachgruppe Kleintierkrankheiten, Karlsruhe, 13. – 15. November 1980. Dtsch. Vet. Med. Ges., 193

LOEFFLER, K., W. VOLCKART (1969): Vergleichende Messungen an Hüftgelenksaufnahmen nach PIEHLER und NORBERG. Kleintierpraxis **14,** 107 – 109

LUST, G., J. C. GEARY, B. E. SHEFFY (1973): Development of hip dysplasia in dogs. Am. J. Vet. Res. **34,** 87 – 91

LUST, G., P. W. FARRELL, B. E. SHEFFY, L. D. VAN VLECK (1978): An improved procedure for genetic selection against hip dysplasia in dogs. Cornell Vet. **68,** Suppl. 7, 41 – 47

LUST, G., B. SUMMERS (1981): Early asymptomatic stage of degenerative joint disease in canine hip joints. Am. J. Vet. Res. **42,** 1849 – 1855

MANSSON, J., I. NORBERG (1961): Hüftgelenksdysplasie beim Hund. Hormonell hervorgerufene Lockerheit des Bandapparates der Hüfte gefolgt von Dysplasie des Acetabulums bei Welpen. Mdlemsb. Sverrig. Vet. Förb. **13,** 330 – 339

MEYER, H. (1983): Ernährung des Hundes: Grundlagen und Praxis. Verlag E. Ulmer, Stuttgart

MEYER, H. (1985): Fütterung der Hündin und des Junghundes. In: 6. Hohenheimer Kynologische Diskussionstagung, 26./27. 01. 1985, Universität Hohenheim, Institut für Tiermedizin und Tierhygiene

MORGAN, J. P. (1987): Canine hip dysplasia: Significance of early bone spurring. Vet. Rad. **28,** 2 – 5

MÜLLER, L.-F., CHR. SAAR (1966): Eine Anleitung zur Röntgen-Diagnose der Hüftgelenksdysplasie. Kleintierpraxis **11,** 33 – 42

NIEDERMEYER, R. (1984): Röntgenologische Untersuchungen über die Entwicklung arthrotischer Veränderungen bei verschiedenen Graden der Hüftgelenksdysplasie des Hundes. Diss. Vet. med., Hannover

OLSSON, S. E. (1961): The control of canine hip dysplasia in the Scandinavian countries. Adv. Small Anim. Pract. **3,** 112 – 116

OLSSON, S. E. (1961): Roentgen examination of the hip joints of German Shepherd Dogs. Adv. in Small Animal Practice **3,** 117 – 120

PAATSAMA, S., J. JUSSILA (1974): Healing process after intertrochanteric osteotomy in canine hip dysplasia: An experimental study. J. Amer. Vet. Radiol. Soc. **15,** 61 – 65

PAUWELLS, F. (1973): Atlas zur Biomechanik der gesunden und kranken Hüfte. Verlag Springer, Berlin, Heidelberg, New York

PIEHLER, L. (1967): Messungen am Hüftgelenk des Hundes. Diss. Vet. med., Humboldt-Universität, Berlin

PRIEUR, W. D. (1978): Kritische Bemerkungen zur Röntgendiagnose der Hüftgelenksdysplasie beim Hund. Prakt. Tierarzt **59,** 496 – 502

– (1987): Intertrochanteric osteotomy in the dog: Theoretical consideration and operative technique. J. Small Anim. Pract. **28,** 3 – 20

PRIEUR, W. D., R. SCARTAZZINI (1980): Die Grundlagen und Ergebnisse der intertrochantären Varisationsosteotomie bei Hüftdysplasie. Kleintierpraxis **25,** 393 – 404

RESNICK, S. (1974): Effect of an all meat diet on hip formation in dogs. Vet. Med. Small Anim. Clin. **69,** 739

RICHTER, VIKTORIA (1977): Untersuchungen am Becken des Hundes unter besonderer Berücksichtigung des Hüftgelenkes und rassespezifischer Merkmale. Diss. Vet. med., München

RICHTER, VIKTORIA, K. LOEFFLER (1976): Rassespezifische Merkmale am Becken des Hundes. Dtsch. tierärztl. Wschr. **83,** 455 – 461

RISER, W. H. (1974): Canine hip dysplasia: Cause and control. J. Am. Vet. Med. Assoc. **165,** 360 – 362

RISER, W. H., H. MILLER (1966): Canine hip dysplasia and how to control it. Orthopedic foundation for animals, Inc. and Hip Dysplasia Control Registry, Phila., Pa.

RISER, W. H., J. S. LARSEN (1975): Einfluß des Körperbautyps der Rasse auf die Häufigkeit der Hüftgelenksdysplasie bei Hunden. Unser Rassehund **3,** 232 – 234

SCHALES, O. (1956): Genetic aspects of dysplasia of the hip joints. North Am. Vet. **37,** 476 – 478

– (1957): Heredity patterns in dysplasia of the hip. North Am. Vet. **38,** 152 – 155

– (1959): Congenital hip dysplasia in dogs. Vet. Med. **54,** 143

SCHAWALDER P. (1987): Beiträge zur Biomechanik, Klinik und Therapie des Hüftgelenks beim Hund, Bd. 2. Habil.-Schrift, Bern

– (1988): Titandauerimplantate in der orthopädischen Chirurgie – Problemlösung auf Dauer. UNIPRESS **58,** Universität Bern

SCHNEIDER-HAISS, M., K. LOEFFLER (1987): Die Beurteilung der Röntgenaufnahmen mit gebeugten Hintergliedmaßen bei der Untersuchung auf Hüftgelenksdysplasie des Hundes. Kleintierpraxis **32,** 359 – 362

SCHNELLE, G. B. (1935): Some new diseases in dogs. Am. Kennel Gazette **52,** May, 25 – 26

– (1954): Congenital dysplasia of the hip (canine) and sequelae. Proc. Amer. Vet. Med. Ass., 91 st. Annual Meeting, Seattle, Washington, 253 – 258

SCHRADER, S. C. (1981): Triple osteotomy of the pelvis as a treatment for canine hip dysplasia. J. Am. Vet. Med. Assoc. **178,** 39 – 44

– (1986): Triple osteotomy of the pelvis and trochanteric osteotomy as a treatment for hip dysplasia in the immature dog: The surgical technique and results of 77 consecutive operations. J. Am. Vet. Med. Assoc. **189,** 659 – 665

Slocum, B. (1978): Neurologic articular dislocation. Vortrag: Veterinary Orthopedic Society, Snowmass 1978

Slocum, B., T. Devine (1987): A comprehensive look at pelvic osteotomy in the dog. In: Proc. Amer. Anim. Hosp. Ass. 54th Annual Meeting, 21. – 27. March 1987, Phoenix, Arizona, 375 – 376

Smidt, R. N. (1963): The normal and radiological anatomy of the hip joint of the dog. J. Small Anim. Pract. **4,** 1

Snavely, J. G. (1959): The genetic aspects of hip dysplasia in dogs. J. Am. Vet. Med. Ass. **135,** 201 – 207

St. Bernhards-Klub e.V. (1986): Statistische HD-Auswertung, Stand Ende 1986. Zuchtbuch des St. Bernhards-Klub, 1986

SV-Rassestatistik (1989): Erledigte HD-Befunde von 1968 bis einschl. Dez. 1988. Verein für Deutsche Schäferhunde (SV) e.V., Beim Schnarrbrunnen 4 – 6, Augsburg

Teare, J. A., A. Hedhammar, F. A. Kallfelz, L. Krook (1979): Einfluß der Wachstumsintensität auf die Skelettentwicklung beim Hund sowie die Wirkung einer Zufütterung von Ascorbinsäure. In: Meyer, H. (Hrsg.): Ernährung von Hund und Katze. Int. Symposium, Hannover, 26. Juni 1978. Dtsch. Vet. med. Ges., 107 – 126

Tiemann, Gönke, Anita Wocke-Daume (1983): Untersuchungen zur Hüftgelenksdysplasie beim Deutschen Boxer. Kleintierpraxis **28,** 303 – 310

Tvedten, H. W., C. B. Carrig, G. L. Flo, D. R. Romsos (1977): Incidence of hip dysplasia in Beagle Dogs fed different amounts of protein and carbohydrate. J. Am. Anim. Hosp. Assoc. **13,** 595 – 598

Varejcko, J., J. Stuart (1975): Hereditary hip dysplasia in rabbits. 20th World Vet. Congress, Thessaloniki, 1009 – 1010

Vaughan, L. C., D. G. Clayton Jones, J. G. Lane (1975): Pectineus muscle resection as a treatment for hip dysplasia in dogs. Vet. Rec. **96,** 145 – 148

Wegner, W. (1979): Kleine Kynologie. Terra Verlag, Konstanz

Wiesner, E., S. Willer (1983): Lexikon der Genetik der Hundekrankheiten. Verlag Karger, Basel

Willis, M. B. (1984): Züchtung des Hundes. Verlag E. Ulmer, Stuttgart

Workert, M. (1985): Goniometrische Untersuchungen der Lokomotion von Hunden mit und ohne Hüftgelenksdysplasie. Diss. F. U. Berlin

Sachregister